函館をめぐる冒険

peeps hakodate 編

CCCメディアハウス

AMERICAN MOVIES

人口およそ27万人。北海道では札幌、旭川に次ぐ規模をもつ中核都市・函館。

しかし年々、人口はゆるやかに減少を続け、その影響による税収の減少や地元経済の停滞など、例外なく他の地方都市と同じ悩みを持っているのは紛れもない事実だ。

そんな函館も、かつて東北以北で最も賑わいをみせていた都市の時代、つまり「都会」だった時代があった。それは今から160年以上前。日米和親条約によって開港都市となって以来、港湾・海運・倉庫の各分野で躍進をとげ、さらに都市整備が進んだ。日進月歩で都会化していく函館には、先進国の外国人や本州の商売人が大挙してやってきた。そこで何が起きたか。さまざまな「文化の種」が蒔かれたのだ。洋食、洋菓子、パン、珈琲などの食文化。異国の建築様式や暮らしのスタイル……。

都市が発展すれば、文化も発展する。そして、その文化を維持しようと人が動く。これが現在まで脈々と続き、やがて築かれた「函館の特異性」だ。前述の通り、地方都市としての問題は山積している。それでも、街としての輝きをひとつも失わない不思議な力が、この街にはある。

本書において綴るのは、函館のあらゆる分野の歴史と文化と人が交錯する物語。平たく言えば「イカや夜景だけじゃない函館」の話だ。夜景がきれい、食べ物がうまい、坂や教会がある街の風情が素敵。たしかにその通り。でも、それだけで括れるほど単純明快な街ではない。

この街は、幾重にも生地が折り重なったクロワッサンのように、早熟の歴史と文化が重なりあって形成されている。その重なりの中心にできた空間のなかに、今を支える「人」が存在する。それは函館において何物にも代え難い財産で、我々が光を当てたいのは、まさにそこだ。

パブリックイメージから逸脱した新鮮な姿でもいい。また、あの頃のなつかしい函館の姿でもいい。どんな形であれ、本書を読んだすべての方に「函館の魅力的な姿」を発見してもらえたらうれしい。

読めば、きっと行きたくなる。そして、もっと知りたくなる。

さぁ、函館をめぐる冒険へ出かけよう。

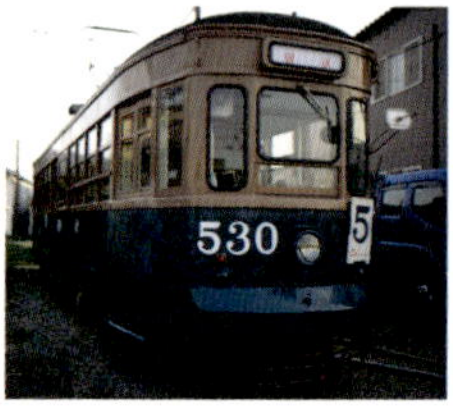
530
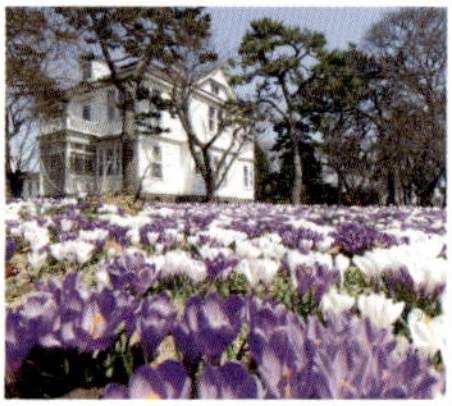
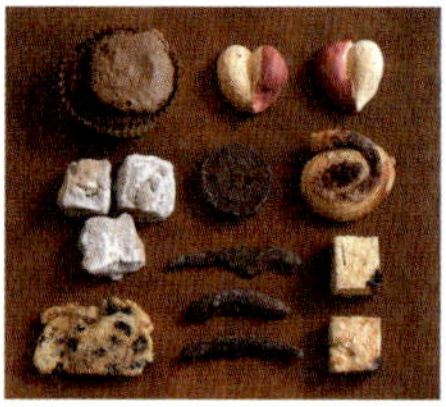

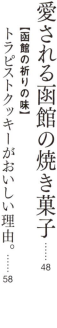

見る

いつまでも残したい函館の風景

物事の移り変わりがせわしない今だから、
いつまでも残したい。心にとどめておきたい。
この街で暮らす誰もがそう願ってやまない、
函館の大切な風景。

路面電車のある風景

住む地域にもよると思うが、路面電車は「乗らない」という人にとっては本当に接点のない乗り物であろうと思う。人によっては「ただ、そこにある」、そんな程度のものかもしれない。だが、その歴史を辿っていくと誕生から長い間、常に街の隆盛と連れ添って発展の足場を支えていた頼もしい姿が見えてくる。

十字街を走る電車の風景。写っているのは昭和23(1948)年から購入され今も現役の500形。撮影は昭和61(1986)年。(撮影／早川淳一)

現在不遇の時代を迎え、市民にとっては近くて遠い乗り物となった路面電車。空気のように「ただ、そこにある」、この価値に気づけば、街の景色がもっと好きになるかもしれない。

路面電車、誕生 100年の歴史の幕開け

路面電車の歴史は2013年に100年を迎えた。逆算すると、はじまりは1913年ということになるのだが、更に遡ること16年前に、電車誕生のきっかけをつくった前身が存在する。それは明治30（1897）年に亀函馬車鉄道株式会社（翌年、函館馬車鉄道（株）に改称）が運営を開始した『馬車鉄道』。最盛期の明治39（1906）年には、人口約9万人に対し一日平均約1万1330人もの人々が利用するまでに活躍し、この発展と高い需要が路面電車開業へ繋がる、

言わばエピソード・ゼロとなる。

さて、この時代は動力の最先端が『電力』になりつつあったとき。函館馬車鉄道（株）でも自力での電化転換を模索するものの、資金面で断念。その後、電化への道は明治44（1911）年に函館水電株式会社へ吸収合併されることで踏み出すこととなる。

こうして、路面電車は函館の街に誕生する。運行の記念すべき初日は、吸収合併より2年後の大正2（1913）年6月29日。これは東京以北の都市では最も早い開業だった。

ちなみに、当時の営業時間は早朝5時（冬季は6時）から深夜0時まで、運行は3分ないし6分間隔。この数字からは『関東以北の大都市』へと成長を遂げつつある、忙しない〝都会〟の姿が見て取れる。

その後も街の発展に大きく貢献し、市民の足として不動の地位を築いた路面電車。未曾有の被害を出した昭和9（1934）年の函館大火では、例に漏れず甚大な被害を受けたが、住民に密着した事業であることから全力で復旧に努め、街の復興を支えている。

民営から市営へ
戦後から市電全盛期へ

公共性の高さから現在では当然のように思えるが、路面電車・バスが市営事業となったのは、昭和18（1943）年のこと。直接の原因となったのは、公共的各事業が統合を求められた戦時下という時局による。ちなみに、このとき電車・バスを運営していた大日本電力株式会社（※）は、配電統制により北海道配電株式会社（現・北海道電力（株））などへ配電設備を引き継ぎ、解散（※もともとの函館水電（株）は帝国電力（株）への改称を経て大日本電力（株）へ吸収合併されていた）。

（上）馬車鉄道が湯の川線を開業した明治31（1898）年頃。（左）たくさんの乗客で賑わう柏木町の様子。昭和35（1960）年頃。

（右）路面電車の生まれ年、大正2（1913）年、杉並町付近を走る姿。（中）昭和11（1936）年、自社設計にて誕生した300形。台車は住友金属工業株式会社製、モーターは株式会社日立製作所製、車体は函館船渠株式会社（現・函館どつく）に発注し製造された。（左）大正2（1913）年、新川町に作られた新川車庫。昭和9（1934）年の函館大火にて焼失した。

そして、戦後へ——。

戦後の路面電車は、市民の復興作業に必要不可欠でこれまで以上に忙しかった。当時、その需要に応えるべく車両も多く購入したが、昭和41（1966）年までに購入した新車の中で500形、710形、800形は今日もなお現役車両として活躍中。昭和30年代に電車事業は全盛期を迎え、乗車数のピークは昭和39（1964）年の1日あたり13万5188人（このときの人口は約25万人）。車両によってはラッシュ時に応援車掌を配置し、日々激しい混雑を乗り切っていた。

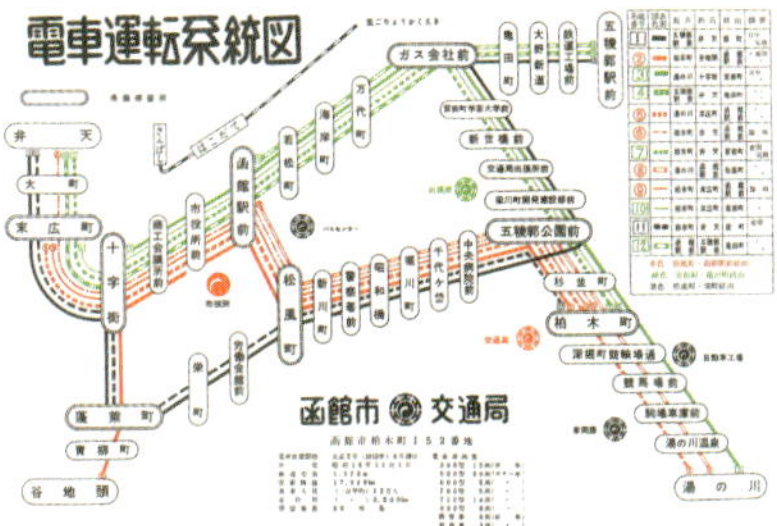

路面電車全盛期を迎えた昭和39(1964)年の電車運転系統図。いかに需要の高い乗り物であったかが直に伝わってくる。

マイカー時代の到来 今日までつづく苦境

さて、足早に路面電車の歴史を追ってきたが、この辺りからは現代に近い。つまり、利用者の減少による苦境の時代である。

昭和40年代に入ると、住宅地の郊外化、自家用車の浸透など都市構造が変化して利用者が年々減少をはじめる。ちなみにその対策としてはじまった人員削減のためのワンマンカーは昭和43（1968）年から。しかし、これを含めたあらゆる合理化の手立ては芽を出さず、その2年後の昭和45（1970）年には廃止案が出されるまでに路面電車は追い詰められる。これは、乗車数のピークを記録した年からたった6年後のこと。時勢とは、本当

（上）旧函館駅と共に写された路面電車（撮影／阿部義博・平成7（1995）年）。（右上）平成4（1992）年の万代町停留場。安全地帯が無かったため、歩道上で待つのが同停留場のルールであった。（右下）松風町～宝来町が廃線となった平成4年、「ご利用ありがとうございました」のメッセージを付けて栄町停留場付近を走る500形。

平成5(1993)年に廃線となった五稜郭公園前～ガス会社～函館駅前間。

に恐ろしいものである。

だが、このときの廃止案は市民による廃止反対の声が多かったことで、ひとまず最少限度の電車事業にて継続するという結果に。その後、事業健全化のための指定や計画に基づいて路線廃止を行い、五稜郭駅前～ガス会社前は昭和53(1978)年、松風町～宝来町は平成4(1992)年、五稜郭公園前～ガス会社～函館駅前はその翌年にその役目を終了する。

〝憂い〟を、原動力に残すための尽力がはじまる

しかし、悲しい話ばかりではない。何より路面電車はいまも走り続けている。それは、現在運営する函館市企業局職員の奮闘、国や市からの経済的補助、電車ファンの存在などあらゆる組織や人によって成立しているが、ここでは、その運行を支え、路面電車の姿を残していこうとする人々を紹介したいと思う。

ひとつめは、昭和63(1988)年に発足した『函館チンチン電車を走らせよう会』。発足メンバーの中心は、戦時中、男手の無かった時代に路面電車の運行を必死に守り抜いた女性車掌と女性運転士たち。彼女らOGの運動により、現代ではササラ電車として活躍していた明治43(1910)年製の『排2号』が客車当時の姿に復元された。平成5(1993)年より『箱館ハイカラ號』として運行を開始し、以来、市民、観光客の双方を楽しませている(ここでは書ききれないため詳細は省くが、復元に至るまでの経緯については是非どこかで目にして欲しい)。

そして、もうひとつが『NPO法人函館市電の熟練工の技を伝える会』。古い車両には入手困難な部品が多く、これらは職人による修理や加工によって長く使われ続けている。同会はこの修理・加工技術の次世代継承を目的にOBの職人が集まって2007年に発足した。現在は76歳の阿部征夫さん、32歳の三浦昭宏さんなど7人のメンバーが技術継承を進めながら活躍している。

終わりに

もろ手を挙げて歓迎を受けた時代があった。大活躍した時代があった。率先して、復興の先頭に立った時代もあったし、需要に追い付かない時代もあった。そして、邪魔者扱いを受ける時代が来て、みんなが少し距離を置く、そんな時代が長くなった。

全盛期と比べて利用客が激減し、これからもおそらく、大逆転の可能性はないであろう路面電車のいま。それでもなぜ、路面電車を残さねばならないのだろう。合理的回

『NPO法人函館市電の熟練工の技を伝える会』が作業する駒場車庫内の様子。

電車停止時に重要な「ブレーキバー」と呼ばれる部品。使うごとに摩耗しすり減っていく箇所を溶接によって復元する。(中央が摩耗したもの、その下が修理済みのもの)。現場責任者・三浦さん曰く「とりわけ高度な技術を要する難易度の高い部品」である。

整備のため、台車をはずされ車庫内で待機する2両の姿。ちなみに、車体整備はＪＲ北海道のグループ会社である札幌交通機械株式会社に外注している。

答を求めたなら、黙り込むほかないかもしれない。けれど、我々は知っている。時代背景、街の現状を知るほどに、そして函館愛が深まるほどに、路面電車の走る風景がどれだけ奇跡的であるかということを。「残したければ、乗ること」、この簡単なことが簡単にできたなら。

目的地を目指す人々の足となって100年走る路面電車。この先は、我々が足となって彼らを未来へ連れていく番だ。「ただ、そこにある」、その景色をいつまでも見ていたい。

戦時中、男性に代わって活躍した女性車掌たちの研修終了時の記念写真。『函館チンチン電車を走らせよう会』によって復元された『箱館ハイカラ號』（下写真）誕生の鍵をも握る、頼もしき女性たちだ。

●取材協力
函館市企業局交通部、
同部施設課長廣瀬弘司、
NPO法人函館市電の熟練工の技を伝える会

●参考資料
『函館の路面電車100年』函館市企業局交通部編

（右）今回お話を伺った函館市企業局交通部施設課長、廣瀬弘司氏。路面電車運行に奮闘を続ける１人。（左）『NPO法人函館市電の熟練工の技を伝える会』メンバー。路面電車を次の未来へ連れていく、陰の立役者たちだ。

函館のリノベーション建築

様々な歴史的建造物や古民家を数多く残す函館・西部地区。
この街には、古建築を「残す」だけでなく「活かす」という選択をし、
意義や喜びを見いだす人たちがいます。
歴史と風情を兼ね備える建物を、新しい店舗・オフィスとして残し、活かす。
そんなスタイルを望む大都市圏の人々にとって実現困難なことが、
この街ではより現実味を帯びたものになる。
函館スタイルのリノベーション、その最前線に注目します。

終焉から蘇生へ、旧酒問屋の美しき転身

はこだて工芸舎（末広町）

十字街・銀座通りの「旧梅津商店」が長らく閉ざしていたシャッターを開き、光と風、足音、声、それらが行き交うことにより生まれる体温のようなものを取り込み、よみがえった。

建物を修復し、建築当時の姿へ復元しつつ店舗として使えるよう手を入れたのは『はこだて工芸舎』の堂前さん夫妻。もともと利用していた「元町ハウス」も昭和2（1927）年築の洋館で夫妻の並々ならぬ「函館建築愛」は見て取れるが、そこから7歳若い昭和9（1934）年築の梅津商店への引っ越しは単に建物を復活させただけでなく、解体へと進みかけた建築物の運命を未来につなぐ役目も担った。

昭和9(1934)年築、旧梅津商店は梅津福次郎の酒問屋だった。同物件のリノベーションに携わった建築士は高田傑建築都市研究室、富樫雅行建築設計事務所。写真のショーウィンドウは閉店後も明かりが灯され、十字街の夜の風景にも貢献。

店主 堂前邦子さん

はこだて工芸舎
函館市末広町8-8
☎0138-22-7706
㊎10:00〜19:00
無休

店舗部分は風除室からはじまり、上半分がガラス張りの仕切りの奥は以前事務所と住居部分を区切っていた壁を抜き、重厚な階段を中心にぐるりと店内を一周できる回遊型店舗スペースに。外されていた建具は時に推理を必要としながら元に戻し、補強・修復・改築で出た古材は材木をはじめ、ガラスの入った扉、引き戸のレールに至るまで、いつかの修理のために、またいつでも復元できるよう、使えるものは保存。これは「手を加えるときは建築当時の材料で」という夫妻の想いと、梅津商店が良い材料で建てられていた証。それは旧事務所スペースの床を覆っていた昭和後期のトレンドらしき「Pタイル」を剥がしたとき、住居スペースの畳をめくったときの両方で現れ出たヒバの床をそのまま使用できたことからもわかる。

梅津商店と自分たちを結びつける「縁談」が夫妻に舞い込んでから建主・梅津福次郎についてもとことんまで紐解いたという邦子さん。移転後初の企画展も福次郎の故郷・常陸太田市の作家の作品で幕を切った。「古い建物に敬意を払って大切にしていく」というこの街の歴史に寄り添った函館スタイルのリノベーション、最新スタイルは間違いなくここだ。

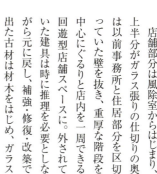

市民が愛した「精養軒のパン」の記憶を残す

OZIO ATELIER and SHOP（元町）

函館出身の鞄作家・永嶺康紀さん。東京で鞄のデザイナー兼職人として仕事をしていたが、自らのブランド「オジオ」を故郷・函館から発信していきたいという思いで、2008年に創作の拠点を函館に移した。最初は築100年前後の日本家屋をアトリエ兼ショップとしてリノベーションして開業し、2012年に知人の紹介で元町の「旧精養軒本店」に移転した。

　創業明治20（1887）年。「精養軒のパン」といえば函館市民が愛する菓子のトップブランドだった。その本店として使われていた建物。高い天井、細やかな目を編むタイル床と、ワンステップ高くなった木板のフロア。棚やケースも精養軒時代に使われていたものをそのまま使用している。「奥のパン工場だった部分も作業場として使っていますが、正直言って使いにくいです。しかも冬はもちろん寒くて、夏も寒い（苦笑）。でもそういう不便な形状や環境は、自分達がそれに合わせて使えばいい話。必要以上に壊したり、手を入れたりする必要はないと思ってます」

永嶺さんと、専属の職人達が作り上げるオジオの鞄や小物。永嶺さんがスケッチした動物や街並の絵柄をベースにしたデザインは、時代に左右されない魅力があり、昭和初期の空気感を残す店内の雰囲気との親和性も非常に高い。

昭和9（1934）年の函館大火後まもなく建てられたといわれる築80年以上の木造モルタル塗り建造物。2階窓まわりには幾何学的な模様が施され、これを手掛けた設計士や地元職人の粋なセンスが垣間見え、思わず頬がゆるむ。中の改装は永嶺さんが自らの手で行った。「プロの職人さんに頼むと当然キッチリ仕事してくれる。でも僕はゆがみとか、傷とか、隙間とか、許される範囲で残したかった」

　木のステップフロアには、精養軒時代にパンを陳列したショーケースがL字状に配置されていたことを物語る傷跡が残っている。

「店に遊びに来た近所のおばあちゃんがその傷跡を見ながら、ここに何のパンがどういう風に置いていて……と懐かしそうに教えてくれた。残して良かったと思いましたね」

　建築は記憶であり、その人が生活してきた証。傷跡を残すことで昔と今を繋げる……そんな方法もあるのだ。

オーナー　永嶺康紀さん

OZIO
ATELIER and SHOP
函館市元町29-14
☎0138-23-1773
開10:00〜19:00　無休

長い時を刻む「蔵」が担う今

BAR hanabi（宝来町）

『hanabi』は築100年の蔵を改装したバー。「当初は倉庫として貸し物件になってたんですが、見に行ったら一気にイメージがわきました」。もともと建築設計に携わっていたというマスターの金崎さんは、賃貸契約を結んだ後すぐに改装に着手。「図面は自分で引いて、友人3人と3週間で造り上げました」。近年ほとんど使われていなかった蔵は、金崎さんらの情熱で新たな命を吹き込まれた。

改装作業は概ね順調に進んだ。「盗難対策で斜度が急な階段になっていたので新しくしたり、窓が無いので換気システムを入れたりっていうのはありましたが、築100年というのは理解していたので、それほど驚くような事はありませんでした」と金崎さんはサラッと言うが、床板をはがして一枚ずつ水洗いするなど、地道な作業が多かったそうだ。しかしながら、これらの作業のおかげで金崎さんの建物への愛着が強くなる。「当初は古い蔵が持つ独特の空気感でしたが、手を入れたことでそれも軽くなった気がします。これからの変化も楽しみですね」。長く使うことが金崎さんのこの建物に対する愛情だ。

このバーではプロやアマチュアによるライブも多く行われる。金崎さんは「ライブ空間としての『蔵』は非常に優秀。土壁が音を良い具合に吸収してくれるので、耳障りな反響がなくて聴きやすいですよ」。

音に対してシビアなミュージシャンでも、すぐに音が決まるとのことで演者からも好評を得る。

街並みを作ってきた建物も、時代の変化によってその役割を終えたと壊されることは多い。金崎さんは「この蔵は、これまで100年、これからも100年くらいは存在し続けると思います。長い歴史の一部を拝借している感覚です」と話す。100年前に必要とされて建設された「蔵」は、その用途を変えながら、これからも必要とされ続ける。

BAR hanabi
函館市宝来町34-1
☎0138-22-0087
㊐17:00〜25:00
水曜休

マスター　金崎昌之さん

築100年だが丈夫さは変わらない。2階で行われるライブには最大60名が入場したそうだが、無垢材の太い梁のおかげで全く問題なし。「スペースさえあればもっと入れますよ」。堅牢性は盛り上がりにも一役買っている。

家とは、毎日を丁寧に暮らすことで輝きを増すもの

茶房　無垢里（元町）

「伝統的建造物　旧相馬邸」の向かいで静かに時を刻む純和風邸宅の歴史は、天賦の商才を持ち、一代で巨万の富を築いた梅津商店の創業者、梅津福次郎の別宅だったことからはじまる。明治中期に建てられた蔵と母屋は、明治40（1907）年の函館大火で蔵だけが被害を免れ、現在は『茶房　無垢里』の一部として活用されている。

大正時代半ば、いつしか所有者は元松前藩家老の家系、下国家と、増毛町の旧商家、丸一本間家に移り、地域住民から「下国御殿」と呼ばれるようになる。現存する母屋（現在の住宅兼茶房の一部）は昭和3（1928）年に下国家と丸一本間家が建てたもので、日本で初めて点字図書館（現・日本点字図書館）を創設したことで知られる本間一夫氏が函館の盲学校に通うため、13歳から7年間、ここで暮らしたことが分かっている。昭和33（1958）年より富士銀行支店長宅、昭和42（1967）年より函館白百合学園アグネス寮に。蔵にキリストやマリア像があるのは当時の名残だ。

歴史を重ねたこの建物の良さに惹かれ、導かれるように移り住んだのが、輪島恵美子さん・加藤弘子さん姉妹と、二人の家族たちだ。修

明治25（1892）年撮影の写真で蔵の存在を確認できる。昭和54（1979）年、輪島さんと加藤さんが移り住んだ当初は「下国家と丸一本間家の建物」ということだけで、梅津家にゆかりがある建物だとは知らなかったという。

繕の際は、建物の魅力を損なわぬよう細心の注意を払っており、なかでも茶房の水回りに関してはそれが顕著に現れている。

本間一夫氏が晩年、この家を訪れる機会があり、嬉しそうな様子を間近で感じた輪島さんと加藤さんは、歴史ある建物を受け継いでいくことの責任とやりがいを実感したという。その二人が日々の暮らしで実践しているのが掃除だ。毎朝、家の内外に目を配り手をかけることで、建物の汚れや傷んだ箇所と向き合い、将来を見据えて対策をたてる。その積み重ねが最も重要であると考えるからだ。隅々まで磨き上げる二人の徹底した仕事ぶりからは、この建物を大切に守り、受け継ぎ、この建物に惹かれて茶房を訪れるお客様に喜んでもらいたい、と願う強い思いが伝わってくる。

輪島恵美子さん（右）輪島さんの妹、加藤弘子さん（左）

茶房　無垢里
函館市元町13-14　☎0138-26-1292
㊐10:00～17:00　水曜休　冬季休業

こだわりと思いが結実する建築は、蔦の葉の一軒家で生まれる

ミズタニテツヒロ建築設計（宝来町）

蔦の葉で覆われた外観が印象的な築70年の一軒家。いま函館で注目を浴びる「こだわりの建築家」水谷哲大さんのオフィスだ。

ここは、宝来町界隈に古くから暮らす住民にとっては模型屋として馴染み深い。その模型屋が店を畳んだあとは、薬局として使われ、その後『はこだて工芸舎』（現在は末広町）が営業していた。そして平成17（2005）年、水谷さんが独立する際に縁あって入居した。「独立して事務所を構えるなら西部地区と決めていました。場所も路面にこだわって自分がやっている仕事や存在をアピール出来るような物件を探して、ようやく友人の紹介でここに辿り着きました」

水谷さんが自ら手掛けたのは、快適な環境で仕事をするためのリノベーション。

「当初は2階が吹き抜けになっていたので、寒さ対策で天井を作って塞ぎながら他の解体現場から分けてもらった断熱材を入れて改修しました。必要のない奥の部屋も塞ぎました。見た目よりも環境を重視した〝減築〟ですね」

現在はフリーの編集者やデザイナーの事務所とルームシェア。スペースをさえぎる壁がなく閉塞感とは無縁の空間は、長時間の作業

でも気詰まりしない雰囲気で、クリエイティブの現場にふさわしい造りだ。

「西部地区の古い建物に事務所を構えていると、地元の方から『どうしてそんな不便なところに?』とか『冬は寒いでしょ』とか、わりと負のイメージで捉えられる。室蘭出身の僕としてはこんなに函館を感じる場所はないと思っているので、なぜだろうなと。仮にまだ多くの地元の方に西部地区の魅力が伝わってないのなら、ここを拠点にする建築家として伝えていかなければと思います」

水谷さんの設計による貸店舗。港を望む元町・港ヶ丘通りにある。「周囲に存在する築100年の建物との調和と時間の流れ」を熟慮して生まれたデザイン。

平成26（2014）年には元町に新築の貸店舗を設計し、現在は輸入ロシア雑貨店が入居。古い民家が点在する景観とゆるやかに調和させたデザインで、独自の景観保全のスタイルを提示している。

歩道に面したガラス窓には水谷さんのコレクションであるカップ&ソーサーが並んでおり、まるで洒落た日用雑貨店のような雰囲気。それに加えてこの外観だ。となるとやはり…「店だと思って入って来られる方は少なくないですね（笑）」。

代表 水谷哲大さん

ミズタニテツヒロ建築設計
函館市宝来町7-3
☎050-2020-9896

【函館リノベの歴史】

すべては『カリベビ』から始まった。

偶然見つけた旧郵便局物語の始まり

どんな歴史にも、それぞれの時代を新旧に分岐するきっかけとなる存在や出来事がある。こと函館における昭和後期の外食文化、そして若者文化の新旧の分岐点となった存在といえば、この店と断言しても異論の余地はないだろう。

ヒルスコーヒーのベンチ、コカ・コーラのアンティーク看板や冷蔵庫、バドワイザーやクアーズのネオンサイン。昭和51（1976）年、末広町にオープンしたコーヒーショップ『カリフォルニアベイビー』。純喫茶がまだメインストリームだった函館の街に、現在まで綿々と続くカフェシーンの礎を築き、音楽・ファッションの面でもアメリカ直輸入の文化を根付かせた開拓者だ。

同時に、大正時代建造の旧特定郵便局をリノベーションした同店は、今や珍しいことではなくなった西部地区における歴史的建造物再利用の先駆けでもある。旧函館郵便局を大規模にリノベーションした「ユニオンスクエア（現はこだて明治館）」開業が昭和58（1983）年、「金森赤レンガ倉庫」の商業施設化が昭和63（1988）年。西部地区を代表するこれらのリノベーション施設の歴史と比較しても、昭和51（1976）年誕生当時における同店の成り立ちの異色ぶりは突出している。

店を立ち上げ、ここまで育て上げてきたのは函館出身の柴田修平さん・裕平さん兄弟。現在、同店を運営する有限会社サン・カリフォルニア代表である兄・修平さんにオープン当時を振り返ってもらった。店の構想は大学時代に遡る。すべてのきっかけは米空軍の横田基地を擁する街・福生。アメリカ文化のエッセンスが濃縮された「日本で限りなくアメリカに近い街」と呼ばれるエリアだ。

「僕も、弟の裕平も東京の大学に通っていたんですが、僕らみたいなアメリカ好きの若者にとって福生は憧れの街でした。裕平は好きが高じて大学卒業後に福生の米軍ハウスで暮らし始めたほどです。街にはアメリカ直輸入の服屋、レコードショップ、雑貨店、ダイナーが溢れていて、本当に楽しかった。その

中でも米軍払い下げの中古家具を取り扱う専門店がお気に入りで、よくそこに通っては椅子やチェストを買ってましたね」

　大学に在学中、裕平さんはヨットマンとしてパンパシフィックレース等の国際大会に出場するチームのサブクルーとして、アメリカ本土・ハワイやオーストラリアなどを航行した。「南太平洋を航行した時、フィジーの港街に立ち寄ったんです。そこのバーで、夕暮れ時に地元の若者からお年寄りまでビール片手に楽しそうに語らう光景を見て、『函館でこんな店が出来たらいいな』と思いました。僕らの店の原点のひとつですね」

弟の裕平さんは大学卒業後、一足先に函館に戻って地元の仲間達とともに開業準備を進めた。何はともあれ、まずは物件探しだ。当時の函館は、漁業や造船業など長年この街を支えてきた基幹産業が軒並み下降線を辿り、沈滞ムードが漂っていた。それでも大門地区にはかつての賑わいの残り火があったので、まずは大門での開業を念頭に物件を探した。「店を始めたいといっても金がない。大門の物件はそんなに家賃が安いわけではないので、西部地区も視野に入れて探したところ、ここを見つけた。一目見た時から印象に残る外観ですっかり気に入りました」

独特のアーチを描くその建物は大正時代に特定郵便局として建造され、少し前までは「丸吉食堂」という名の飲食店だった。向かい側にはフェリーターミナルがあり、その職員や乗降客で賑わった食堂だったが、昭和40年代にターミナルは七重浜に移設。その影響で客足が急激に落ちて店を畳んだと、大家が教えてくれた。明らかに商売には不向きの場所だった。「確かに当時は観光地でもないし、倉庫ばかりで商業地区でもない。でも大門の同じ規模の物件に比べても、ここは格段に安かった。それが最大の決め手でした(笑)」

福生で見た数々のショップ、そしてヨットマン時代に直に触れたアメリカのコーヒーショップやダイナーの風情を再現すべく、カーブを描いたカウンターとその中にキッチンを造り、天井にはシーリングファンを設置。さらに、あの頃福生の中古家具屋で買い込んだアメリカ製の中古家具や電化品、装飾で使える雑貨や小物をすべて投じて演出。壁には、現在も店内のアイコンとして掲げられている巨大な船の絵画を友人に描いてもらい飾った。こうして、函館にかつて例をみない「リアルなアメリカの空気」

が充満するコーヒーショップが誕生した。

　当時人気だった情報誌『ポパイ』が誌面でプッシュしたことで、日本にはスケートボードブームが到来。函館も例外ではなく、この界隈の道幅が広い車道は夜になるとスケートボーダーのメッカになっていた。すると彼らがいち早く『カリフォルニアベイビー』に通い始め、そこから口コミで徐々に評判が広がり、若者を中心に支持を集めていった。

　あれから40年。当時店に出入りしていた若者は家族を連れてシスコライスを食べ、また成長した子供達が放課後の語らいやデート、仕事中のランチで訪れる。観光地のど真ん中にありながら、今日も地元人が勝手知ったる我が家のように足を運び、賑わいが途切れることはない。

「この場所は観光地区でありながら、一般住宅もあればマンションもあるし、銀行や会社、昔ながらの倉庫も現役で使われている。つまり生活地区なんです。僕は函館の生活の匂いがするこの場所が大好きだし、ここで店をやって本当に良かったと思いますよ」

柴田修平

カリフォルニアベイビー・代表

函館市出身。函館西高校を卒業後、明治学院大学法学部に進学。一方、弟・裕平さんは大学時代にヨットのナショナルチームのサブクルーとして世界中を航行。その経験をきっかけに兄弟で店舗構想を固める。卒業後、昭和51(1976)年に『カリフォルニアベイビー』を立ち上げる。有限会社サンカリフォルニア代表取締役。

函館の美しい庭

あらゆる緑がここぞとばかりに
一斉に葉を伸ばし、花々がその命を謳歌する夏。
人の手で美しく縁どられた街中の庭も、
今を盛りと華やいでいます。
鮮やかな色彩の中にあるのは濃密な生命の気配と、
手がける人の日々の丹精。
自然の妙と人の手が織りなす夏のはかない愉悦、
美しき庭の世界へ皆様をご案内します。

繊細な四季の移り変わりとともに、様々な表情を見せる学び舎の庭

遺愛学院　遺愛女子中学・高等学校（杉並町）

「信仰・犠牲・奉仕」を三大精神とするミッションスクール遺愛学院。敷地面積は1万2725坪（4万1992㎡）。函館の中心部にありながら緑豊かなキャンパスだ。卒業生らの寄贈もあって、校庭には数十種のさまざまな樹木が植えられ、雪解けとともに庭の景色は刻々と変化を遂げる。ホワイトハウス（国の重要文化財「旧遺愛女学校宣教師館」）の庭を埋め尽くす数万株のクロッカスを皮切りに、ソメイヨシノ、ツツジなどが次々に咲き誇り、初夏は校章にも使われているスズランが可憐な表情を見せる。夏はハマナス、アジサイ、秋はイチョウ並木の紅葉で、辺り一面が黄金色に染まる。

この美しいキャンパスを舞台に、映画、ドラマ、CMなど数多くの撮影が行われており、函館が舞台の映画「星に願いを。」（2003年公開／竹内結子主演）で遺愛学院が登場するほか、近年は国内アーティストのミュージックビデオの撮影も行われている。

遺愛学院は北海道で最も歴史がある中学・高等学校で、明治7（1874）年にアメリカ人宣教師M・Cハリス夫妻が函館を訪れ、女子教育の必要性を感じ、6人の女学生の指導にあたったのがはじまりだ。国の認可を受けて明治15（1882）年、元町（現在の遺愛幼稚園がある敷地）に開校。生徒数も順調に増え、元町の校舎では手狭になってきた。

二代目校長ミス・ハンプトン（アメリカ出身）は建築、造園に造詣が深く、生徒の環境づくりに力を注いだ人物だ。広いキャンパスを求めて牧場だった現在地を買い取り、同じくアメリカ出身で立教大学の初代校長でもあり建築家のジェームズ・ガーデナーに建物の設計を依頼、明治41（1908）年完成、移転した。ちなみに牧場所有者は函館県令（今の県知事にあたる）などを務めた時任為基。時任町の名の由来となった人物だ。

ミス・ハンプトンは校長を辞任後も宣教師として遺愛に残り、長きにわたって尽力する。クロッカスを植えたのもミス・ハンプトンではないか、との説もあるが、残念ながら記録は残っていない。

第二次世界大戦で、花と緑に彩られたキャンパスは一転する。木は切り倒され、防空壕がつくられ、畑が造成された。昭和20（1945）年4月、校舎は軍事施設となり、教員と生徒らは一方的に立ち退きを命じられる。9月20日、ようやく校舎が返還され、校庭の手入れ

電車通りからもよく見える、美しいイチョウ並木（11月）。

遺愛学院ではクロッカスの開花（4月）に合わせて庭を一般開放している。観光客も訪れる人気ぶり。

牧場の名残は今も残っており、牧草に適したオオアワガエリなどを見つけることができるという。

がはじまったが、一度失われた緑の回復は困難を極めたようだ。

五稜郭地区はその昔、ニホンスズランの群生地だったことが分かっている。数ある野花のひとつとして、特に愛でることをしなかったニホンスズランを欧米並みに大事に扱ったのが遺愛の教師、生徒だったと伝わっており、「スズラン狩り（リリー摘み）」をはじめたのも遺愛が日本初だという。大正4（1915）年、スズランが遺愛の校章に制定されていることから、スズラン狩りを指導した人物は当時の四代目校長ミス・デカルソンと宣教師ミス・ハンプトンが有力視されている。スズランで囲まれた校章は人格円満、純潔、謙虚を表現しており、生徒会を「鈴蘭会」とするのもその理由から。遺愛学院とスズランは、移転をきっかけに深い結びつきが生まれたのだ。

生徒や保護者など関係者以外は立ち入る機会がない遺愛学院だが、毎年7月末の3日間は、ホワイトハウス内部を一般公開する。

在職中、庭の手入れ、植樹等も行っていた元教諭、作山宗邦さん。創立百周年の際に自らまとめた資料をもとに校庭を案内してくれた。

豪放磊落な女商人と子孫たちの「庭づくり」という恩返し

香雪園（見晴町）

花見、遠足、昆虫採集、デート……函館市民それぞれがこの場所にまつわる思い出を持っている。時代を超えて市民に愛される大庭園『香雪園』。作ったのは、函館で成功を収めたある女性呉服商とその子孫たちだ。

新潟県の岩船郡で雑穀商を生業としていた初代・岩船峯次郎。彼は天保14（1843）年、娘の岩船ヤスが25歳の時に貧困のうちにこの世を去る。息絶える前「高野山に骨を納めてほしい」と言い残されたヤスは、その遺骨を背負って高野山に登り骨を埋めた。そこで呉服問屋の主人に出会い、函館で呉服商をやらないかと誘われた。ヤスは函館行きを決意する。生まれ持った才覚と、人一倍働き者の性分。それに加えて商売仲間が口を揃えて「あんた男に生まれりゃ良かったのに」と言ったという豪放磊落でスケールの大きい人間性。ヤスは呉

（上）明治40（1907）年発行『最新函館案内』に掲載されている岩船家の別荘。後年になって発見されたこの冊子の発行年月日により、この園亭が明治から存在することが判明した。（下）左が二代目峯次郎、右が庭造りに生涯をかけたといわれる三代目峯次郎。

一の池にかかる橋。園内きってのビュースポットとしても知られる。現在はコンクリートだが、もともとはアーチを描く木橋だった。全方位から四季の色彩が確認できる場所。

服の太物商として成功を収め、やがて妹の長男を養子にむかえて岩船家の二代目とした。そして明治から大正にかけて岩船呉服店は好況を極めていった。

　そんな岩船家が別荘地としてのちに香雪園となる広大な土地を購入したのは明治21（1888）年。

園路沿いには赤松が立ち並ぶ。

このときヤス70歳、二代目峯次郎51歳。そしてこの庭づくりに生涯をかけた三代目峯次郎が16歳。まさにこの年に、庭園のシンボルである杉林の苗を植えた。池泉廻遊式庭園の中には、重要文化財建造物にも指定されている岩船家別荘の園亭と美しい小庭。そこから庭園全域に目を向けると、160種以上あるといわれる多種多様な樹木。推定樹齢100年を超えるクリ・ミズナラなどの大木から、900本を数えるスギ、さらにヒノキやカエデも多くの変種が存在する。大部分は植栽されたものだが、中には庭園を造る以前から存在したものも混在し、植物園のような趣さえもある。

　二代目の死後、三代目峯次郎は家業を弟の銀次郎に任せて、四六時中造園に熱中した。「造園の最大の功労者は三代目」と言われているように、まさに生涯をかけて完成までこぎつけた。三代目峯次郎

檜皮葺きの亭門をくぐると園亭が広がる。

園亭の主室「奥の間」。他、客用の座敷が二間、次の間。この数寄屋の工法はかつては大名や公家邸宅の専売特許だったが、明治以降は商いで繁栄した民間人の間でも普及し始めた。

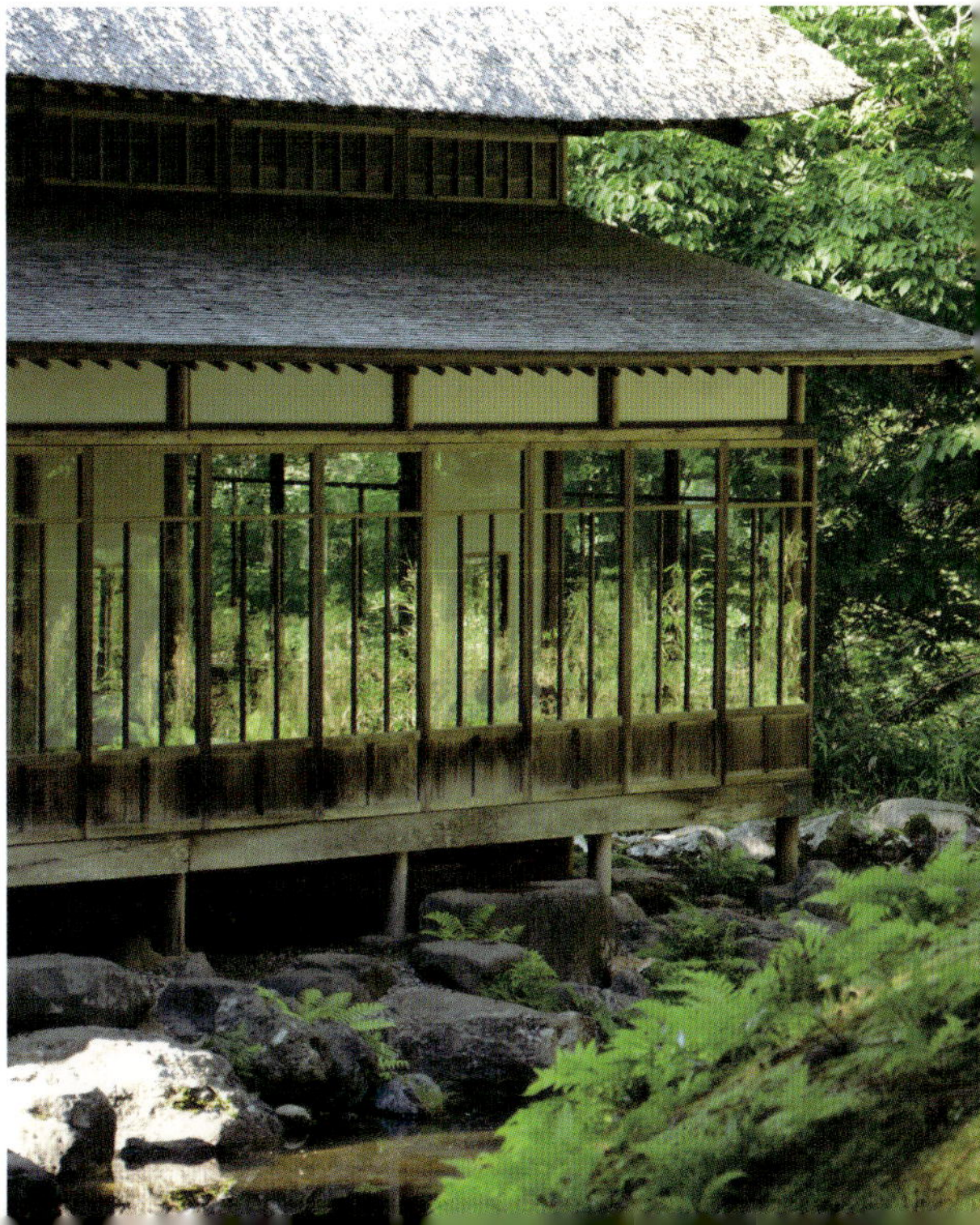

香雪園のシンボルである園亭。茶室の様式を取り入れた数寄屋風書院。重要文化財建造物指定。

香雪園・管理員の五日市さん。「緑豊かな大きな木が雄壮に立ち並ぶスケール感を味わってほしい」

の三男の故・岩船修三氏（油彩画家）が自叙伝の中でこのように綴っている。

「父は、三代目の例にもれず家業には、あまり熱心ではなかった。そうして、若い頃から庭造りが好きだった。庭といっても4万何千坪という庭を作り始めた。いまは函館市の庭となっている。湯川の香雪園、あれを作るために父は一生をかけた。（中略）この庭はもともと別荘ではなく、運動場をつくり共同便所もつくり、先祖から言われた通り、みなさんのおかげで儲けさせていただいたので、そのお報いをするつもりで作った庭である」

　ここに綴られている通り、香雪園は岩船家から函館市民に向けた、いわば「恩返し」だ。現在、同地の管理員を務める五日市昌子さんはこう語る。「ここは最初から市民に開放することを前提に作られた庭園です。古くから香雪園という名前はありましたが、昔の市民は〝きゅうしめいちさんの別荘〟と敬いを持って呼んでいました。きゅうしめいち（久〆一）とは岩船家の屋号です。民間人三代にわたって市民のために作った場所が、いまでも市民に愛されている。そんな特別な場所であり、文化財庭園です。この美しさをいつまでも守っていきたい」

　ハナショウブやヤマツツジの花が咲き、これから暑くなる季節の訪れを告げる。一の池の水面に映る青空と木々の緑。今年も香雪園の美しい夏がやってくる。

香雪園（見晴公園）
函館市見晴町56
☎0138-57-6210（緑のセンター）
㊐園亭／9:00〜17:00
緑のセンター／8:45〜17:30　無休

●参考資料
『香雪園の四季と樹木
函館見晴公園探訪』（上平幸好 著）

主人亡き後も端然と時を超えてゆく 名士が遺した104年めの庭園

梅村庭園（二海郡八雲町）

日本庭園の様式の一つである池泉回遊式。池を中心に園路を配した庭で、金沢・兼六園、京都・桂離宮、東京・六義園など名だたる特別名勝からも馴染みの様式だが、本州に比べて日本庭園の歴史が浅い道内では、この様式を採用した庭の存在は非常に珍しい。池泉回遊式、レアな響きのこの庭園の一つが、八雲町にある。

その庭の名は『梅村庭園』。豊かな水で潤う池、池をぐるりと囲む植栽、そして自然景観を見立てた築山や枯山水が深緑の中に端然と溶け込む、明治生まれの美しい庭だ。

庭の主人であったのは八雲町の名士、梅村多十郎。明治の開拓期、愛知県よりやってきた多くの移住者のうちの1人であったが、旺盛な事業意欲を持って農業からでんぷん製造、菓子製造、古着商、呉服太物商、倉庫業などを営み、明治39（1906）年には八雲村会議員となって以降、約30年にわたり議員を務めるなど、同町の開拓と産業の育成に大きな功績を残した人物である。

庭園は、明治45（1912）年、梅村家別宅があった現在の所在地、約3500坪の敷地に蔵、離れ、洋館からなる住宅を建てたことから誕生する。とはいえ、大正12（19

（右）解体された洋館。跡地には現在休憩施設の『梅雲亭』が建てられ、中の和室では茶会など貸切利用も可能だ。（左）庭園の主人、梅村多十郎（1872〜1951）。

梅雲亭より眺めた池の景観。明治45(1912)年築の離れが左に見える。池の中には鯉が元気に泳いでいる。

23）年頃には、函館の造園師・野中松太郎氏の手が加わり、「完成」とされたのが昭和5（1930）年頃というから、現在の姿の基礎が出来るまでにトータルで20年ほどの歳月が費やされたようだ。ちなみにこの野中氏は、北海道の気候風土に則った造園技術を研究し、のちに勲六等瑞宝章を受ける腕を持った造園師。氏が遺した『庭園研究の思い出』という書物に梅村庭園の記述があり、それによればオンコの老木を文人造りに（氏曰く「いわゆる大自然の形に」）するために行った剪定工事がうまくいって、その後、八雲中のオンコを文人造りに剪定した、とのことである。

樹木や石は主に八雲近隣のものを使っているが、杉、トドマツなどは多十郎が所有していた山林の生育状況を測るために植えていたらしく、また、中国旅行の際に苗木を持ち帰った北米原産の「ポポの木」も、約600本の植栽に混ざって今もゆったりと成長を続けている。ほか、種類豊富なツツジ、アカ

線形の葉を持つコウヤマキ。本州、四国、九州で自生し、北海道ではあまり見られない常緑性針葉樹だ。

離れ内観。襖、縁側などほぼ当時のまま保存された貴重な建物。

明治期では珍しいコンクリート製の灯篭。

梅村庭園・梅雲亭

二海郡八雲町末広町151-1
☎0137-63-3131
㈪9:00〜17:00
月曜休（祝日の場合は翌日休）
※11/1〜4/30　10:00〜16:30
　月・祝休
※12/29〜3/31　冬期休館

マツ、サクラ、モミジ、ヒバ、コウヤマキ、スモモなどが庭を住み処としてその根を伸ばす。

現在の梅村庭園は、昭和58（1983）年に八雲町指定文化財に指定され、その後平成13（2001）年に梅村家より八雲町が譲り受け、以来、整備を行って町民の憩いの場として開放している。明治45（1912）年築の建物は、洋館が昭和60（1985）年頃に取り壊されてしまったものの、蔵と離れが今も当時の姿で残る。広大な庭、一年中湧き水で潤う豊かな池と、そして明治期の住宅が一体となって見られる例は道内では少なく、しかも個人の庭であったという歴史を含めると、梅村庭園の存在は貴重、かつ個性的なもの。昨年には日本造園学会北海道支部より「北の造園遺産」の認定も受けた。

そんな栄誉も歴史もよそに、主人亡きあとも庭の住人たちは、縦へ横へのびのびとひろがり、苔むし、そして楚々と咲き、四季を巡る。人の手によって生み出されながら、時を経るごとにひとつの大きな生命体のように融合し育ち続ける。

「非常にやりがいのある仕事」と語ってくれた庭園管理人・神戸さん。野草好きの鍛治さんと二人三脚で日々手入れに励む。

木漏れ日の下でお茶時間。洋菓子店のガーデンカフェ

ペシェ・ミニヨン（乃木町）

乃木町の閑静な住宅街。その一角に北海道を代表するフランス菓子店『ペシェ・ミニヨン』がある。ジュエリーのような輝きを放つ生菓子が並ぶショーケースと、多種多様な焼菓子を配した棚の間を抜けた奥には、同店のシンボルともいえるサロンが広がる。

サロンへのこだわり。フランスに渡って修業し、生涯菓子づくりに心血を注いだ先代オーナーシェフの故・中澤誠一氏から、その精神は受け継がれる。それは「甘さが前に出るフランス菓子には、紅茶。そして、そのふたつを楽しむための場所は必須」というもの。外観からは想像出来ないほどの広がりをみせる空間を一目見るだけで、サロンに対する思いや高い位置づけを感じる。

そして春から晩秋にかけて開放される中庭のテラスは、そんなこだわりの集積地。光輝く緑に包まれたこの場所。まるでフランス南部

のナチュラルガーデンのような美しさ。思わずここが函館という事実を一瞬忘れそうになる。

植栽されているのは15種類の高木と、ヒイラギナンテン・ドウダンツツジなど8種類の中低木。ギボウシ、アルケミラモーリス、リュウノヒゲ等の7種類の草花など。白壁には瑞々しいオカメツタがいきいきと這い、中庭を取り囲む。奥に

浅い切り込みが入った葉の姿が可愛らしい白壁のオカメツタ。日光によく当てると葉の緑色がより一層美しい輝きを増す。 寒さに大変強い植物で、冬越しする。

中庭の全景。緑に覆われた空間のアクセントとなるのが、モミジの一種・紅しだれ。一年を通して赤紫(秋は紅葉)の色を添える。涼しげで繊細な葉が特徴。

は小さな池があり、アンティークの蛇口やウサギのオブジェなど可愛らしく小粋な演出もさりげなく。元来、日当たりの良い場所で近隣の建造物に遮られることもないため、5月を過ぎたあたりからテラス全体が一斉に緑に覆われる。高木と中低木がバランスよくレイアウトされているため、日中に射し込む陽光が程よい木漏れ日となって心地よい。秋になるとまた表情は一変。中庭のランドマーク的存在であるカエデやナナカマドの高木や壁を這うツタの葉が極彩色の装いとなり、どこに座っても美しい油彩画のような風景を味わうことができる。

店長の小林舞さん。日々の中庭管理は業者に頼らずスタッフ全員が各担当を請け負う。

フランス菓子
ペシェ・ミニヨン

函館市乃木町1-2
☎0138-31-4301
㊐10:00〜19:00
(サロンは11:00〜)
水曜休

初夏を告げる風物詩 函館の由縁に寄り添う薔薇の庭

旧イギリス領事館（函館市・元町）

アイボリーとブルー。２色のレトロな色彩が映える旧イギリス領事館。普段はシンプルかつ、品を湛えた面立ちのこの歴史的建造物が、庭園に咲く初夏の色彩と対比して一層引き立つ季節がやってきた。

　バラは59種93株。建物左の園路を行くとはじめに出迎えてくれるのは金蓮歩、ビクトルユーゴ、マリーアントワネット、アフロディーテなど木立性のバラの花園。そこからL字型に多彩で華やかな競演が続く。

　美しく洗練された庭園の風景はウェディング会場にもマッチし、５月から10月頃まで受け付けているガーデン挙式も、そもそもは「ローズガーデンで式を挙げたい」との要望があったことがきっかけではじまった。

　集まる賞賛の中でも、本州からの観光客に多いのが花冠の大きさを称える声。水はけが良く、生育に適した環境を維持しているが、大きさが何に起因するのか、確信的な理由は謎だとか。

　同館のバラは、一般公開が始まった平成４（１９９２）年に植えられたもの。その後２年ほどで咲き始め、季節の風物詩として広く愛されている。

旧イギリス領事館勤務、西村くるみさん。幼い頃から同館へ足を運んでいたファンの1人。

旧イギリス領事館
函館市元町33-14
☎0138-27-8159
㈷9:00〜19:00
（11月1日〜3月30日 17:00）
※詳細はお問合せを。

食べる

函館の奥深い食文化

開港都市・函館の食文化は、まさに早熟だった。
明治、大正、昭和のはじめにかけて
次々と小さな港町に持ち込まれた知恵と技術。
それらは時代を超えて引き継がれて、今へ。
函館の「おいしい」には、理由と歴史がある。

愛される函館の焼き菓子

函館の菓子文化を紹介するにあたって、
もっと「焼き菓子」にスポットを当てるべきだと考えました。
シンプルな材料と工程ゆえ、菓子作りの基礎とも言われる焼き菓子。
だからこそ誤魔化しがきかない、作り手の本領が発揮される世界。
粉、バター、砂糖、卵。４つの要素を巧みに操り、日々愛される
焼き菓子作りに励む函館の菓子職人達。その現場と文化に迫ります。

（上段右から）「ポティロン」「ショコラカンパーニュ」「グレーヌセック」
（中段右から）「エンガティーナ」「フロランタン」「スポンジラスク」
（下段右から）『セザムセック」「ダクワーズ」「カーヌシナモン」

Mimoza
ミモザ

函館市柏木町38-2　☎0138-52-6001
㊍10:00〜19:00　火曜休

常時30種以上の焼き菓子と、ショーケースに20数種のケーキが並ぶ店内にカフェスペースが併設され、落ち着いた雰囲気の中でロウレイズの紅茶とお好きなスイーツをゆっくりといただくことができる。

クッキー、サブレ、リーフパイ、フィナンシェ、マドレーヌなど自由に選べるほか、ギフトセットも数多く取り揃えており予算に応じて対応してくれる。

送り主に感謝の気持ちを伝えるにふさわしいあたたかみのあるラッピングも喜ばれている。工業高校そば、看板控えめの隠れ家店。オーナーは細内晃氏。

パティシエール　野本沙希さん

（上段右から）「シトロン」「ミックスナッツ」「メープル」
（中段右から）「フィグショコラ」「カフェ」
（下段右から）「フルーツスパイスケーキ」「金ごまのタルトレット」「ごまごま」

café D'ici

ディシ

函館市元町22-9　☎0138-76-7476
㊐10:30〜19:00　木曜・第1、3水曜休

店名の『D'ici』（ディシ）は、「ここから」の意。珈琲を片手に一息ついて「ここから」またそれぞれの日常に向かっていけるように、との想いで名付けられたもの。『D'ici』の焼き菓子はあくまで看板の珈琲のお供。嘉多山珈琲（札幌）より取り寄せる豆の味を最大限に引き立てることがその任務。とはいえ、細部まで手を抜かずとことん手作りに徹するスタンスだから（その意識は、キャラメルオレのキャラメルにも！）、店主にとっては脇役扱いの焼き菓子も、これが目当て、という人がいるほどだ。

店主　濱田沙織さん

（上段右から）「クロスタティーナ」「ズブリゾローナ」「マルゲリータ・ストレーザー」
（中段右から）「ポレンティーナ」「カンドゥッチ」「サヴォイ・アルディ」
（下段右から）「ストロッシャ」「カネストレッリ」「木の実とドライフルーツのケーキ」

PASTICCERIA Ciccio Pasticcio
パスティッチェリア チッチョパスティッチョ

函館市石川町316-5
☎0138-34-7020
㊊10:00〜20:00　月曜休

本来、素材はシンプルで朴訥としたものであるイタリア伝統菓子。それらに同店シェフ流のアレンジやアイデアを盛り込んで、オリジナリティのある味の親和性やルックスの愛らしさをもたらすイタリアンドルチェ専門店。焼き菓子は常時30種類前後。それらは〝パスティッチェリア〟と称され、どれもが限られた素材の組合せの妙や工夫でバラエティに富んだものへと昇華する。シェフがイタリア修業時代に学んだレシピを忠実に守りつつ、小麦や油などは北海道・函館の環境に合う素材を厳選使用する。

パティシエール　古部沙津希さん

（上段右から）「くるみとチョコのビスケット」「木苺バナナマフィン」
（中段右から）「プレーンスコーン」「スパイスレーズンクッキー」
（下段右から）「ラムレーズンパウンド」「ブラウニー」「フィナンシェ」

roca
ロカ

HP http://score20.net

「通販専門店」として各家庭に直接おいしさを届ける『roca』。予約はHPから。代金は先払いのみ。種類、個数は都度異なり、価格は3500〜3900円が主流だ（クール便、送料込）。自宅まで届けてくれて食べたい時に解凍できるのが通販のメリット。今では全国各地から注文が相次ぐという。

イベント（不定期）では「冷凍じゃない」焼き菓子を楽しめるチャンスも。オーナーの石崎さんは「直接お客様に会える唯一の機会、楽しみです」とイベント出店に意欲的だ。詳細はHPやツイッターでチェックを。

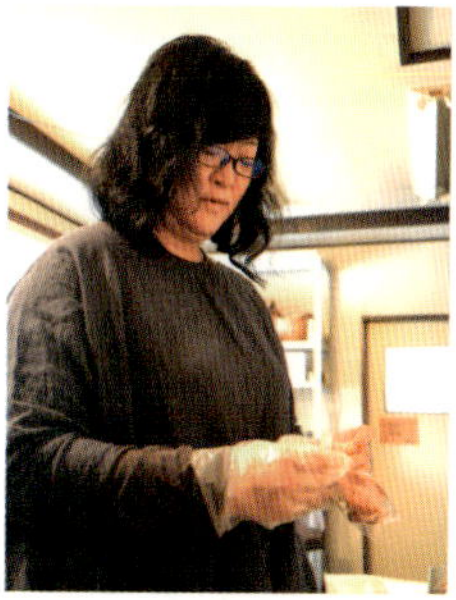

オーナー　石崎友季子さん

(上段右から)「ドライフルーツの素朴な焼き菓子」「くるみバー」「チョコチップとアーモンドのクッキー」「抹茶のクッキー」
(中段右から)「フラップジャック」「抹茶とココナツのスノーボール」「珈琲とホワイトチョコレートのクッキー」
(下段右から)「メレンゲのお菓子(アールグレイ)」「ルゲラー」「黒ごまと米粉のクッキー」

café harujon-himejon

カフェ ハルジョオン・ヒメジョオン

函館市大手町3-8 1F ☎0138-24-6361
㊋11:30〜23:00(火〜土) 11:30〜21:00(日)
月曜休(祝日の場合は翌日)

明治時代の土蔵を改装した趣ある雰囲気と食事、ドリンク、甘い食べ物の三本柱でカフェ好きに広く愛される『ハルヒメ』。20種ほどを用意する焼き菓子はスイーツショップやケーキ店の焼き菓子とは異なる「カフェの焼き菓子」を考え、作り込み過ぎず、手を抜かず、の加減を大切に作られる。甘味の出し方や歯ごたえも計算し、砂糖はキビ砂糖、三温糖、ブラウンシュガー、和三盆に黒糖、メープルシロップ、甜菜糖などを使い分けるといったこだわりようも。店内入ってすぐのショーケースで、目にも楽しく販売中。

パティシエール　伊倉華織さん

（上段右から）「サクサクいちご」「チョコマフィン」
（中段右から）「シナモンパイ」「チョコクッキー」「ポルボローネ」
（下段右から）「スコーン」「オレンジピール」「黒糖とレーズンのラスク」

Angelique Voyage

アンジェリック・ヴォヤージュ

函館市弥生町3-11
☎0138-76-7150　㊐10:00～19:00
月曜休（祝日の場合は翌日）

オーナーパティシエ　大濱史生さん

函館土産の新定番とも評される「ショコラ・ヴォヤージュ」や、賞味期限30分の「もちもちクレープ」など話題の商品をそろえる同店は、分厚い焼き菓子のラインナップを持つことで函館のお菓子好きから広く支持されている。フィナンシェ、マドレーヌ、パウンドケーキなどの定番を様々なバリエーションで展開する同店の焼き菓子は、青森の長谷川牧場の新鮮な卵と、道内で唯一完全放牧で乳牛を育てる旭川の斉藤牧場の牛乳などこだわりの素材を使って作られる。店主と生産者の想いが詰まった焼き菓子をぜひ。

（上段右から）「幸せの馬」「チョコチップ」「くり坊や」「抹茶マーブル」「チーズ」
（中段右から）「スイートポテト」「お花のクッキー」「マーブル」
（下段右から）「アールグレイ」「グラハムレモン」「オレンジローズマリービスコッティ」

函館市弁天町15-12
☎0138-23-6266
㊊11:00〜23:00　火曜休

CAFE ROMANTiCO ROMANTiCA

カフェ ロマンティコ ロマンティカ

パティシエール　長谷川知美さん

「ロマロマのクッキー」と言えば、メインのフード、ドリンクに引けを取らない開店以来の定番焼き菓子。ガラス瓶に詰め込んでレジ横にズラリと並べたお馴染みのディスプレイはメニューにも店のビジュアル面にも貢献する重要な役割を兼任。「飽きずに食べられるものを」を念頭に作り出すクッキーは常時20種ほど。その他、季節毎のイベントに合わせてギフト向けのセット物や新作が登場する。どれも、ポップでカラフル、今っぽいのに懐かしい、店の雰囲気そのものを映し出した名刺代わりとなる焼き菓子だ。

（上段右から）「紅茶のサブレ」「ショコラ」「ギャレットブルトン」
（中段右から）「ソルフェージュ」「ラングドブッフ」「アンガディーネ」
（下段右から）「リーフパイ」「フロマージュサレ」「クルミのサブレ」

LA PÂTISSERIE Péché Mignon

フランス菓子　ペシェ・ミニヨン

函館市乃木町1-2
☎0138-31-4301　㋐10:00〜19:00
（サロンは11:00〜）　水曜休

その名を全国に轟かせるフランス菓子の名店。焼き菓子は「鮮度が命」という考えのもと、無駄な大量生産を避け、手間やリスクを承知で細かなサイクルで製造・販売する。特に「半分が生」を意味する焼き菓子ドゥミ・セックの絶妙な鮮度には、店の頑な姿勢と職人達の心意気が込められている。厨房をまとめるのはシェフ・白山さん。創業者の故・中澤誠一氏が抱き続けたものづくりへのこだわりに惚れ、函館ならではの素材の良さや環境の適性を生かしたフランス菓子の伝統製法を受け継ぐ。

シェフ　白山康博さん

【函館の祈りの味】

トラピストクッキーがおいしい理由。

「祈れ働け」自給自足がモットーの修道院生活

明治29（1896）年、海と山に囲まれた高台に創立された「灯台の聖母トラピスト大修道院」は、厳律シトー修道会の掲げる「祈れ働け」の精神をモットーに、世間から一定の距離に身を置く男性修道士たちが暮らしている。広大な敷地では牛を飼い、作物を育てて収穫したりと、自給自足が基本だ。

北斗市の冷涼な気候が酪農業にマッチしていることから、創立当初より酪農業をはじめ乳製品製造業にも力を入れているのが大きな特徴で、明治30（1897）年には北海道で最古のバター作りに着手。フランス人修道士よりバターを作ってビスケットを焼くことをすすめられ、レシピを伝授されて、製造を開始したのが、北海道を代表する洋菓子として人気を誇るトラピストクッキーのはじまりだ。ちなみに、昭和11（1936）年の誕生当時は「トラピストビスケット」という品名だったそう。戦時中の販売休止を経て昭和25（1950）年に販売を再開する際、ビスケットを食したアメリカ人から「これはクッキーである」と教わったため、商品名を「トラピストクッキー」へと変更したという。

近年は北海道新幹線開業を目前に控え、北斗市からは市を代表する特産品「トラピストクッキー」に強い期待が寄せられるほか、観光名所としての役割も担っている。訪れる観光客からの強い要望で、直売店では2011年よりソ

サクッとした軽い歯ざわり、口の中でバターの風味が豊かに広がる。函館市民なら誰もが知っているトラピストクッキー。缶のパッケージは発売当初より変わらない。

「TRAPPIST LUTECE」の文字の「ルテーチェ」とは、古代ローマ時代のフランスの旧地名。レシピを伝授してくれたフランス人修道士への感謝の気持ちを印している。

明治29(1896)年創立、日本で最初の男子トラピスト修道院。

(上)映画「引き出しの中のラブレター」の撮影も行われた美しい並木道。北斗市を代表する観光スポットでもある。

フトクリームの販売も開始（冬季休止）。2012年から、クリスマスイブにキャンドルを灯すイベント「ローマへの道・冬物語」がはじまり、多くの観客が訪れる。

「多くの方が興味を持って、はるばる足を運んで下さるのはありがたいことですが、修道士たちが修道生活を送る場所であることをご理解、配慮していただければ」。そう申し訳なさそうに語ってくださったのは、トラピスト修道院製酪工場、副工場長の浜崎博一さん。その表情から神に仕える修道士の真摯な姿を垣間見た。

流行に乗ってはいけない

浜崎さんがこの任に就いたとき「菓子業界の流行には乗らず、この味を守り、次世代に受け継ぐこと」を固く誓うことを求められたという。たとえばバターを製造する過程でできるバターミルクを使用すること。同じ敷地内の工場で製造する発酵バターを決められた配合で使い、決められた作業工程を厳守すること。責任が浜崎さんの肩に重くのしかかった。

賞味期限や衛生管理の問題、産地偽装、異物混入など、近年、食を取り巻く環境では不安材料となる問題が立て続けに起こっている。消費者の目も年々厳しくなってきていることから、衛生管理の徹底、異物混入センサーの導入など、工場内の環境は時代に合わせて大きく様変わりした。それでも、原材料をはじめ基本となる製造工程は昔と何ら変わっていないという。

化粧缶は、モノクロの印刷が印

象的なトラピスト修道院の美しい外観写真を使用。トラピスト発酵バター、バター飴とともにロングセラーとなっており、観光都市・函館を代表するみやげのひとつとして、このパッケージも親しまれ続けている。

「過去に、発売当初から続く缶のパッケージをカラー写真に変更してはどうかという話が内部から挙がったことがありましたが、小売店から猛反対されました。モノクロの方が断然良いから変更するな、と。カラフルなパッケージの菓子が並ぶ店頭でモノクロのパッケージは独自の魅力がある、ということを我々も再認識しました。これからも変更の予定はありません」。

クッキーの味と同様、時代が変化しても守るべきものは守り続ける。浜崎さんの強い意志が伝わるエピソードだ。

クッキー製造一筋35年。現在は副工場長として製造現場を統括する浜崎博一さん。トラピストクッキー販売再開と同じ昭和25年生まれ。「お導きを感じずにはいられません」

トラピストクッキーがまだ、トラピストビスケットという名称だった頃のパッケージ。

1950年代のクッキーの製造風景。同じく右は同時期の「トラピストバター」の製造の様子、缶に蓋をする作業。

祈りにも通じるクッキー作り

空調設備の整った工場であっても、微妙な湿度の変化で影響を受けてしまうのがクッキー作りの難しいところ。最終チェックは、やはり職人の厳しい目がポイントで、ひとたび工場に足を踏み入れればいっときも気が休まることはないという。ものづくりにかける姿勢は、厳しい戒律を守る修道士の生き方そのものだ。「お祈りにも通じるものがあります」と語る浜崎さんの横顔に修道士としての、そして職人としての誇りがにじむ。

「大分でも同じ製法でクッキーを製造しているのですが、バターは外注、バターミルクのかわりに市販の牛乳を使っています。そのことが影響しているのか、食感も風味も我々の商品とは異なります」。この地に修道院を創立し、酪農業と乳製品製造業を推し進めた当時のフランス人に先見の明があったのだといえよう。

同じ敷地内で作られたフレッシュな発酵バターと、乳酸菌が豊富に含まれたバターミルクを使ったトラピストクッキーは、他では決して真似のできない貴重かつ贅沢な味わい。小さな頃からこんな贅沢な味に慣れ親しんでいる私たち道南在住の人間は、おいしいものが身近にある暮らしに慣れすぎているのかも知れない。

トラピストクッキー
（小缶3枚×23個入り、直売店価格は1460円）
（3枚×8個入り、直売店価格は488円から）
賞味期限は製造日より6ヶ月。直売店ほか、函館市内近郊のみやげ店、百貨店、スーパー等で販売。千歳空港でも販売。直売店は1月から3月まで日曜休。

灯台の聖母トラピスト修道院（トラピスト修道院）の成り立ち。

創立修道院長
D.ジュラール・プゥイエ
（岡田普理衛）

灯台の聖母トラピスト修道院は、カトリックの修道会の一つで、1098年にフランス、ブルゴーニュ地方のシトーに創立されたシトー修道院がルーツである厳律シトー会（トラピスト会）の修道院。当別トラピスト修道院とは通称である。

創立は明治29（1896）年11月。付近の葛登支（かっとし）灯台にちなみ、灯台の聖母修道院と名付けられた。翌年には、創立修道院長D.ジュラール・プゥイエが着任。後に彼は日本に帰化し、岡田普理衛と名乗る。

創立当時は、石だらけの荒野であり、痩せた土地での農地開拓であった。明治36（1903）年タルシス助修士が、開通後まもないシベリア鉄道を使い、オランダから5頭の牛（ホルスタイン種）を連れて来る。これが道南の酪農の始まりとなる。

岡田普理衛によって講師として招かれた、童謡「赤とんぼ」「野バラ」の作詞者で詩人の三木露風は、当別教会で洗礼を受けている。この「赤とんぼ」「野バラ」の名作は三木が当別で過ごした日々の中で生まれたものである。

厳律シトー会は、大分県速見郡日出町の『お告げの聖母トラピスト修道院』、また女子修道院として函館市湯川に『天使の聖母トラピスチヌ修道院』など、国内に4ヵ所、海外に1ヵ所の子院があり、会員は「祈れ働け」をモットーに、各修道院にて労働と祈りの日々を送っている。

1968年10月に完成したクッキー工場。

現在のクッキー製造の様子。

厳律シトー会
灯台の聖母トラピスト修道院
北斗市三ツ石392
☎0138-75-2108
http://www.trappist.or.jp

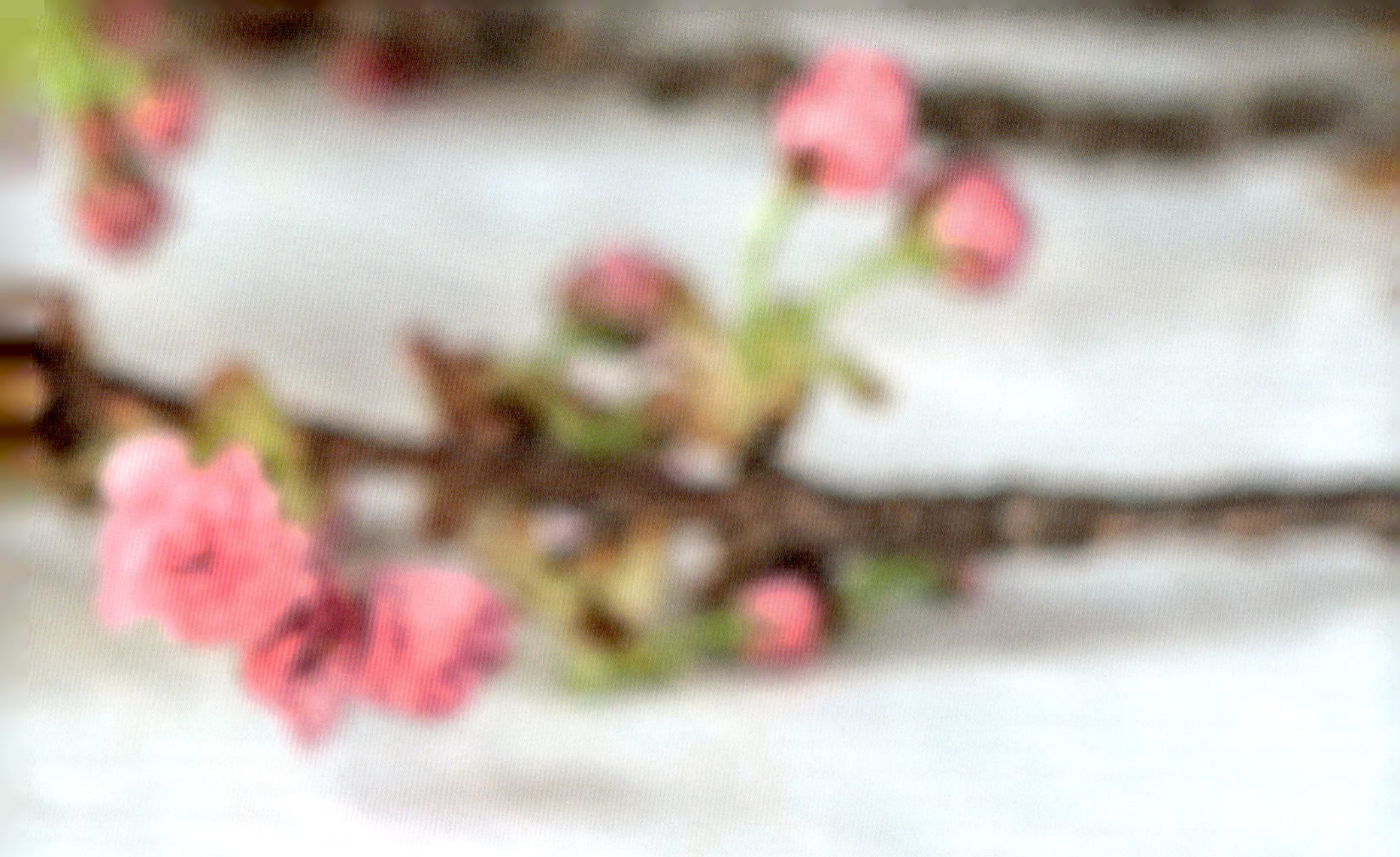

函館の和菓子を巡る旅

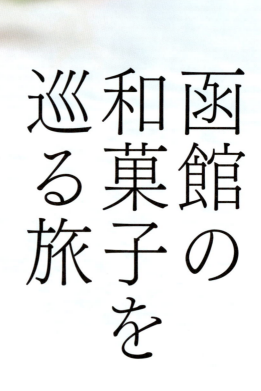

粉にし、蜜にし、
練って、蒸して、濾して、まぶして……
原材料の段階から
加工に次ぐ加工の手間と技術を加え
そうしてやっと出来上がる日本の菓子。
美しさと共につきまとう、
食べれば消えるはかなさが
何よりの魅力かもしれません。
道南にも、そんな和菓子がたくさんあります。
たっぷりと愛でたら、さあどうぞ召し上がれ。

千秋庵総本家

薔薇

タンポポ

つつじ

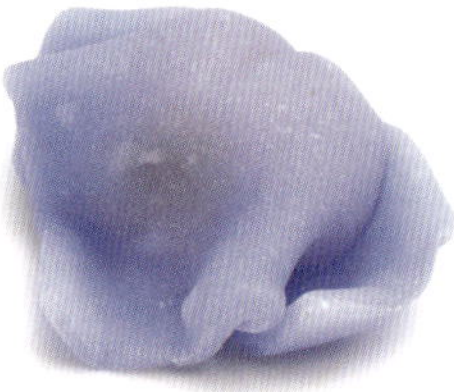

唐衣

スズラン

早苗

開港の歴史と共に歩む老舗。伝統と革新の千秋庵ブランド

創業156年、函館で最も歴史の古い老舗和菓子店。四代目が世に送り出した「元祖山親爺」「どらやき」の二枚看板と共に、数々の和菓子と、そして函館の風土に根差した新たな菓子作りを行う。長きにわたって獲得を続ける信頼と変わらない安定感は、伝統に頼りきることなく、製造工程や原料の革新など目には映らないところで進化を続ける真摯な姿勢の賜物。上生菓子は函館新聞（現・北海道新聞）の資料より紐解くと、少なくとも130年ほど前から製造されていた同社きっての古株だ。現在は歴史の約1／3の年月を同社と共に歩んでいる金見取締役工場長がその技術を伝え、月ごとに六つの花鳥風月で訪れる人をもてなす。

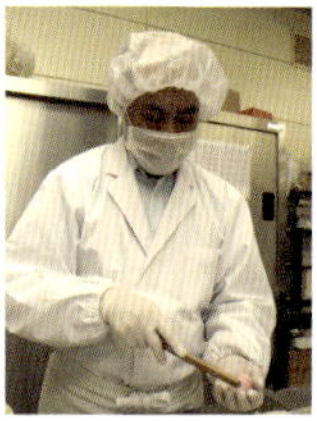

取締役工場長
金見正美さん

千秋庵総本家
函館市宝来町9-9
☎0138-23-5131
㊐9:00〜18:00
無休（月1回水曜不定休）
他、市内3店舗

和菓子司　はるしの

すずらん

やまぶき

初牡丹

バラ

清流

たんぽぽ

お客様目線が生み出す菓子の芸術品

ＪＲ大中山駅そば、日常生活に彩りを添える『和菓子司　はるしの』。５月中旬からは初夏を告げる色とりどりの上生菓子約10品が登場する。「見た目が可愛らしく分かりやすいお花は人気がありますが、当店にはお茶をたしなむ方もよくいらっしゃいますので、伝統的な上生菓子、例えば『岩根のつつじ』なども扱うようにしています」と鳴海正美さん。上生菓子をはじめならぶお菓子は全て手づくり。添加物等を使用しないので「早めに召し上がってほしい」とのことだ。「お寿司セット（季節限定、要予約）」など、工夫を凝らした和菓子も登場。「お客様目線」から生まれる和菓子の芸術品は、大切な方への贈り物にふさわしい。

代表　鳴海正美さん

和菓子司　はるしの
亀田郡七飯町
大川6丁目1-3
☎0138-64-4655
㊎9:30〜18:30
（日祝18:00）月曜休

御菓子処　ひとつ風

花手毬

竹の子

きんつば

菖蒲

黒米 古代餅

つつじ

掌に乗る色彩と造形の美。いつも心躍る意匠の楽しさ

15歳より職人の道に入り、和菓子一筋に60年近く研鑽を積む店主・吉川輝昭さんが家族と共に営む『御菓子処　ひとつ風』。創業から朝生、どら焼き、最中、カステラ、焼き菓子と、道南食材をふんだんに使った多くの名菓を世に送り出す。その中でも上生菓子は素材と色彩のバランスを巧みに操り、惚れ惚れと美しい作品が月替わり、季節替わりで店頭に登場。古典技法の応用を重ねて生み出すオリジナルも多く、今回紹介する「竹の子」もその一つだ。愛でて楽しく、食べてより楽しい上生菓子は、手土産の定番でありながら、ここでは自宅用に購入する人が多いのも特徴。店は20年目を迎えた。来店の際は店舗横駐車場のご利用を。

店主　吉川輝昭さん

御菓子処 ひとつ風
函館市松陰町8-1
☎0138-54-8977
㈹9:00〜18:30
水曜休

菓子司水乃 本店

牡丹

桜

かのこ

桜

羊羹

牡丹

10代から和菓子道、一筋。変わらぬ味を変わらぬ心で

森町に生まれ、中学卒業と同時に和菓子職人になるための修業へ。20代で現在の店を起業し、77歳になった今に至るまで現場に立ち続ける店主・水野博幸さん。現在は35歳という若さでありながら店主を傍らで支える職人・三橋聡さんとともに、一本気な和菓子作りを貫く。月替わりとなる季節の上生菓子は店主の独壇場。そして毎年12月～6月頃には看板品「いちご大福」（白あん）を求めてファンが足繁く訪れる。北斗市の契約農家から仕入れる米（かため）と岩手産米（やわらかめ）をブレンドし、杵つきで丹念にこしらえた大福生地の食感を味わってほしい。かたすぎず、やわらかすぎない。その見事な塩梅に、この店の繊細な仕事が垣間見える。

職人　三橋 聡さん

菓子司水乃 本店
函館市梁川町6-5
☎0138-55-9562
㊐8:00～19:30
日曜休

菓々子

春の音

かのこ

花筏

春魚

宴

ころ柿

温故知新の和菓子を親子で。新旧織り交ぜた街の菓子屋

店主・水野幸雄さんは、前頁の『水乃本店』店主・水野博幸さんの弟にあたる。高校を出て、國學院大學に進学。卒業後、すぐに函館に戻り、和菓子職人の道へ。長きにわたり兄弟で『水乃』を切り盛りし、24年前に幸雄さんが独立して同店を開業した。餅類、大福、どらやき、焼き菓子は店主がリードし、息子の渉さんが繊細な上生菓子や生クリームを用いた餅菓子「わたもち」等を担当。渉さんは18歳で上京し、千葉の『梅月庵』、埼玉の『おき川』など12年間にわたり関東の名だたる銘菓店で技術を磨いた。42歳という若さだが、上生菓子における微妙な色の変化、デリケートなフォルムや装飾の表現など、洗練された技をいかんなく発揮している。

二代目　水野渉さん

菓々子
函館市鍛治1-33-2
☎0138-53-5449
㊐8:00～20:00
日曜休

菓子処　龍栄堂

桜（花びら）

若草山

春の川

チューリップ

菜の花

お堀の桜

季節感を大切に
熟練の技で魅了する

大正15（1926）年創業。伝統的な和菓子からケーキまで幅広く取り扱う『菓子処龍栄堂』。本店の他、函館市内や近郊のスーパーにも複数出店しており、いつでも頼りになる身近な和洋菓子店だ。

代表・田中修司さんの熟練の技が光る上生菓子は、季節感を重視。「5月上旬までは桜、チューリップ、菜の花など、春の訪れを可憐に表現したものを。5月中旬からは、ミントを使って爽やかに仕上げたものも並びますよ」

調理専門学校の特別講師も引き受ける田中さん。自らの技術を若い世代に惜しみなく披露し、函館の和菓子業界の発展にも寄与し続けている。

代表　田中修司さん

菓子処　龍栄堂
函館市上新川町6-7
☎0138-45-1872
㊐9:00～19:00
（日祝18:00）
水曜休

【函館四大和菓子】

大沼だんごものがたり。

折り箱のだんごを楊枝で食べる

言わずと知れた大沼名物「大沼だんご」の歴史は、景勝地としての大沼・駒ケ岳エリアの歴史とほぼ重なる。

『沼の家』の創業者である堀口亀吉は、明治36（1903）年函館本線が開通したころに大沼に移り住む。当時の大沼は、道庁が観光地として売りだそうと公園開発が活発化しはじめる時代で、亀吉は「観光地には名物が必要」として明治38（1905）年に大沼だんごを軸とした茶屋『沼の家』を開業する。小ぶりのサイズ、つるんとした舌ざわりと弾力、串に刺さないで楊枝で食べる独特のスタイル。無名だった大沼だんごは、大沼の観光地としての知名度と共に「名物」の地位へ一直線に登りつめる。

楊枝で食べるスタイルについて、四代目社長の堀口慎哉さんは「初代の亀吉は洒落者で、ほかと一緒にしたくなかったんじゃないですかね。それに、大沼だんごは大沼駅で駅弁を売るように販売していました。折り箱のほうが持ちやすかったという理由もあると思いますよ」。

駅での立ち売りは平成5（1993）年で打ち切るが、平成10（1998）年からは札幌函館を往復する特急北斗で販売されている。揺れる車内でひっくり返らない安定感という意味でも、大沼だんごの

（上）バイオリンを演奏する二代目の堀口寅夫。（中）T型フォードを導入し、旅客事業も行っていた。（下）大沼で「レイクサイド」というダイナーも経営していた。

創業当時の沼の家。場所は現在地と変わらないが、店横まで入江になっている。

沼の家の創業者で、大沼だんごの生みの親である堀口亀吉。

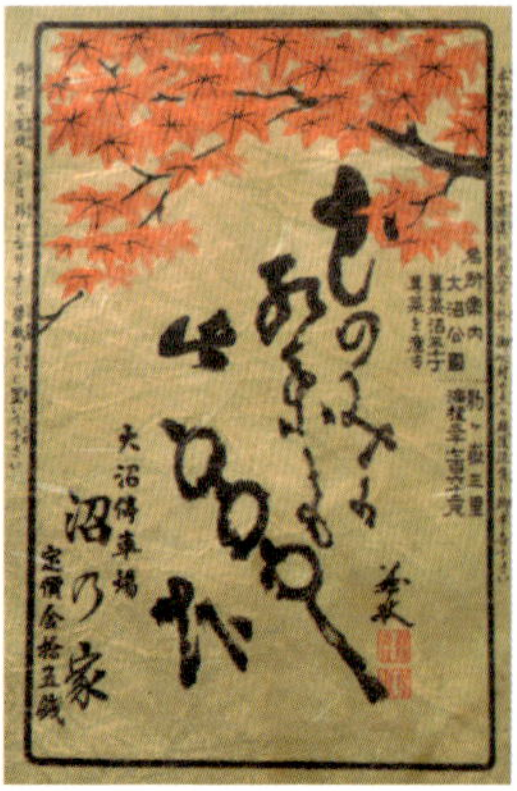

年代不明のパッケージ。デザインは今と変わらない。

三代目の堀口剛さんと、四代目で現社長の堀口慎哉さん。JR大沼駅での立ち売りは、平成5(1993)年まで続けられていた。

パッケージは評価されている。

買いに行く楽しみともらう嬉しさ

「今日中にお食べ下さい」。沼の家で大沼だんごを買った時に必ず添えられる一言だ。大沼だんごは、大沼公園駅で積み込んだ物をＪＲの車内で販売するほかは、店頭での対面販売のみ。「基本的に出来たてを食べてほしいです、少なくとも買ったその日のうちに。時間が経つとどうしても固くなったり味が僅かに変わったりしてしまう」。大沼だんごの変わらない味は、１００年以上受け継がれる変わらない姿勢が支えている。

消費期限に購入日が記載される大沼だんごは、遠方からの観光客にとっては「土産物」にはならない。「遠方からのお客様は、店で食べて『こうだったよ』とみやげ話を持って帰ってくれる。団子自体

を持ち帰るお客様は地元の方ですね、だから地元とのつながりが強いんですよ」。函館市内からのゴルフ客が、帰り際に沼の家を訪れて「子どもが好きだから」とはにかみながら大沼だんごを買う。沼の家には『ここでしか売ってない』が作りだす大沼名物のエピソードが枚挙にいとまがない。そして、どんな形で購入されたとしても『ふと家にある』大沼だんごは、函館市民なら誰しも味わったことのある幸福のひとつだ。

四代目社長は言う。「団子は嗜好品ですから毎日食べると飽きてしまいます。年に1〜2回思い出した時に食べていただければうれしいです」。大沼だんごの生みの親である堀口亀吉の墓は「自分で注文して作った」という団子型の墓。そこには亀吉の辞世の句「満(ま)るき世を○くおさめて　ほとけ哉(かな)」が刻まれている。地元で愛されるかわいらしい丸い団子は、その幸福感を帯びた味で今も様々なものを○くおさめているに違いない。

(右)四代目の堀口慎哉社長、日々大沼だんごの味を守る。
(左)創業者の堀口亀吉の墓。団子への愛を感じる形。

「沼の家の大沼だんごは美味い!」でお馴染みだった、同社のローカルCMの曲がプリントされた包装紙。出演していたのは益田キートンと現社長の妹さん。

元祖大沼だんご　沼の家

亀田郡七飯町字大沼町145
☎0138-67-2104
㋴8:00〜18:00(売り切れ次第終了)　無休

江戸に始まる羊羹の話。

店の歴史が江差の歴史に

函館のデパートや土産店で目にする老舗和菓子店、『五勝手屋本舗』の「丸缶羊かん」。オレンジ色のパッケージの「流し羊かん」とともに知られた存在だ。函館市電のラッピング広告でもおなじみ、五勝手屋本舗の本社は江差町にある。

同社の歴史は江戸時代から。社長、小笠原隆さんの祖先がこの地で豆を栽培し、菓子を作っていたのは慶長の時代（1596〜1615年）。アイヌ語で「ホカイテ（波の打ち寄せる浜）」と呼ばれていた地が五花手村へと変化し、この地に移り住んだ小笠原さんの先祖は屋号を五花手屋とした。のちに村が五勝手と呼ばれるようになり今の社名に至る。

明治3（1870）年、銘菓「五勝手屋羊羹」が誕生、五勝手屋本舗はこの年を創業年と定めている。昭和11（1936）年「昭和天皇に献上した羊羹」として知名度は全国区へ。昭和13（1938）年「羊羹は板状」の概念を大きく覆した「丸缶羊かん」を発売。昭和30（1955）年には容器に糸がつけられ一大ブームを巻き起こす。

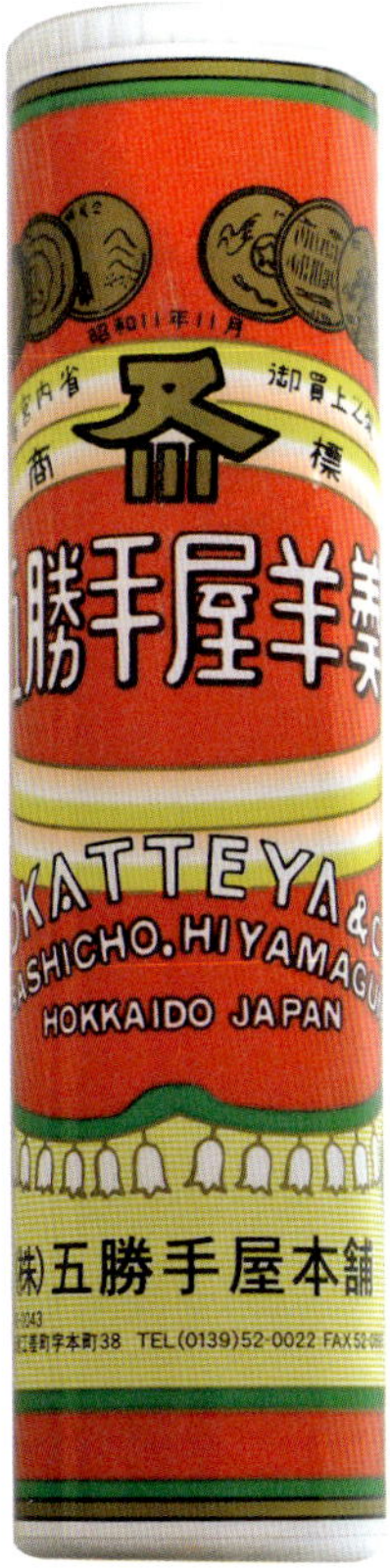

おなじみの底の方から押し出し糸で切って食べる「丸缶羊かん」（中：約103g）、「ミニ丸缶羊かん」（上左：約63g）。「五勝手屋」と聞くとこのパッケージを連想してしまうほどインパクトがあるレトロな赤い色のラベル。昭和58（1983）年の法人化以降（右上）とそれ以前（右下）を比較すると、細部に若干の違いがあるにせよ、ほぼ発売当初から同じものを使用している。左下の箱型の黄色いパッケージ「流し羊かん」も同様に大きな変更はない。

今はあまり知られていないが、本店ではソフトクリームやケーキも販売していた。「『和菓子』『洋菓子』を区別せず、これは良いと思ったお菓子を扱っていたようです」と、専務の小笠原敏文さんは当時の様子を語る。「お客様に喜んでいただくこと」をモットーとし、羊羹のイメージを大きく変えた「丸缶羊かん」を商品化する社風からすれば、当然の流れといえよう。

今、小笠原社長と専務がすすめているプロジェクトが「紅金時」で作る昔ながらの羊羹の復刻だ。「祖先が作っていたと聞いて調べてみたら、豆の種すらない状況で。八方ふさがりだったところに、檜山振興局産業振興部農業改良普及センターから『一緒にやってみませんか』と。試験栽培に向けて動き出したところです」

素材・製法・包装 随所にこだわり

魅力的なパッケージ、糸を使って食べる時のワクワク感、コクがありながらさっぱりした味わいでロングセラーとなっている丸缶羊かんは、素材がシンプルなだけに、豆へのこだわりは相当なもの。豆の収穫は天候に左右されやすく、価格は不安定だが、高値であっても妥協はしない。機械化がすすんだ今も、練り上げた羊羹は熟年職人のチェックを経てパッケージされる。

取材で江差町を訪れた日は、折しもJR江差線廃線（2014年5月12日）までのカウントダウンのまっただ中。江差追分が流れる駅の売店でも、羊羹を手にとる鉄道ファンの姿が。見れば、羊羹のパッケージデザインは江差線のイラスト。抜群のネームバリューがある五勝手屋本舗でも、店頭で商品を手に取ってもらうための企業努力は惜しまない。「実は2013年より、春季限定『さくら羊羹』をリリースしています。こちらは白いんげん豆『大福豆（おおふくまめ）』を使用したもの。オリジナルと、風味の違いを楽しんでいただければ」。

本格的な菓子の製造販売に着手した明治初期（１８７０年代）。羊羹の製法は当時から変わらない。

昭和天皇が函館に行幸した昭和11（1936）年、北海道土産として羊羹を献上した際の記念写真。

戦中戦後の混乱を乗り切った昭和30年代。

現店舗になる前、洋菓子やソフトクリーム、ケーキも扱っていた昭和30～40年代。

昭和初期(1930年代)の風景。

専務の小笠原敏文さん

上から、金時豆、大福豆、小豆。五勝手屋羊羹には羊羹の材料としてはめずらしい金時豆を使用している。

聞けば羊羹の新商品発売は、明治3(1870)年の創業以来初の出来事だという。

江差駅から徒歩15分の本店にも、絶えず地元客、観光客らが訪れる。「従業員はすべて地元採用、職人もはえぬきです。職人は、店でまず修業したのち、東京や名古屋の和菓子店で修業を積んでから江差に戻って活躍しています」

江差で誕生した羊羹は、この地で生まれ育った人々の手によって大切に受け継がれている。

五勝手屋本舗
檜山郡江差町字本町38
☎0139-52-0022
㊐8:00〜19:00　元日のみ休

千秋庵の千秋庵たる所以。

そのはじまりは、食品の露天商

函館の菓子文化を語る上で欠かすことのできない『千秋庵総本家』（以下、千秋庵）。道内各地に暖簾分けし、北海道菓子史にも大きく貢献するその老舗のはじまりは156年前、函館が国際貿易港として港を開いた1年後の万延元（1860）年。秋田藩の下級藩士であった創業者・佐々木吉兵衛氏が多くの人で賑わう函館港で食べ物や甘い物の立ち売りをはじめたことが起源となる。開港以来、幾多に発展を遂げる函館で商売を軌道に乗せた初代。明治19（1886）年頃には、弁天町・大町に替わって繁栄の兆しの見えた末広町に店舗を構え、またその一方で小樽に支店を出すなどして、道内有数の菓子商へと栄えていったという。

万延元年よりはじまり、文久、元治、慶応、明治と時を経て、二代目、三代目へと受け継がれていった千秋庵。このあと更なる発展の道を歩むこととなるが、その歴史へと誘った人物が、大正末期に三代目より請われ経営を引き継いだ四代目・松田咲太郎氏。

「山親爺」の開祖 四代目・松田咲太郎

咲太郎氏は東京生まれの菓子職人。千秋庵四代目となる前は、名店である丸の内塩瀬、愛宕山下・壺屋などの工場長を歴任し、また、当

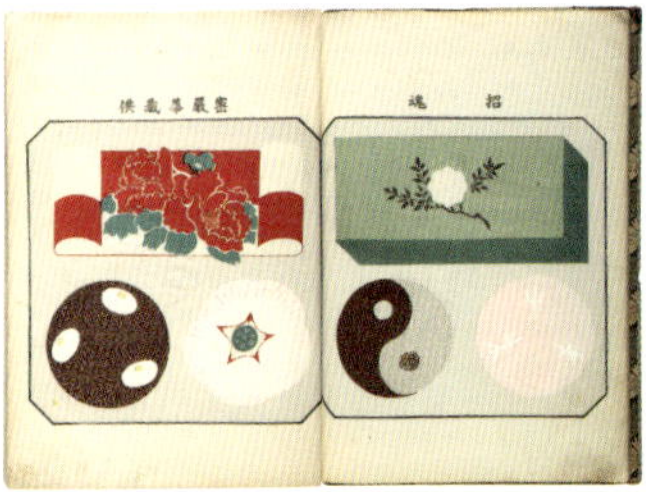

こちらは咲太郎氏の遺した新年の勅題（現在の歌会始の御題）を記した菓子製法帳『勅題・干支新年菓帳』。この製法帳を見本に各地の和菓子職人が製造に励んだという。

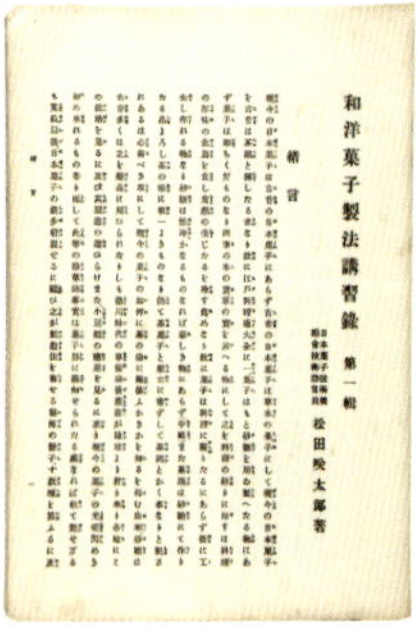

四代目・咲太郎氏が執筆した『和洋菓子製法講習録』。羊羹、つやぶくさ、懐中汁粉に用いる浮種、メレンゲシャンテリー、ヒンガビスケット、ヲクータテレツなど和洋菓子の製法が無数に並ぶ。中央が犬養毅元総理の記した序文。

時派遣制が多かった菓子職人の業界で職人の派遣元2団体が主宰する「日本菓子技術奨励会」の技術責任者となる腕を持つ人物であった。ここでは弟子の職人を各地に派遣する一方、毎年の新年の勅題（現在の歌会始の御題）に合わせた菓子製法帳『勅題・干支新年菓帳』の発行のほか、大正5（1916）年には当時としてはセンセーショナルな『和洋菓子製法講習録』なる菓子の指導書を発表して注目を集める。それがいかに画期的なものであったかは犬養毅元総理が本の序文を記していることからもうかがい知れる。その他にも、引き菓子として作られる「はさみ菊」に用いる菊鋏の考案者であるなど、その功績は枚挙にいとまがない。

函館へ渡り、千秋庵四代目として手掛けた菓子の中でも「元祖山親爺」、「どらやき」は今も店が誇る二枚看板だ。この二つが誕生し、現在の千秋庵の姿が確立した。

（左）明治19（1886）年8月18日の函館新聞（現・北海道新聞）に新築開店広告として掲載された店舗写真。現在の北方歴史資料館に隣接した場所であった。（下）大正・昭和期の宝来町分店。明治40（1907）年の函館大火後に消失した際、本店新築と共に建設。

その暖簾は函館から道内各地へ

函館市外で千秋庵と名乗る菓子会社は現在札幌のみとなったが、1990年頃までは函館・千秋庵を起源とし、各地に長く根を下ろした会社が道内に4つあった。明治期に生まれた小樽千秋庵、大正・昭和期に旭川、釧路、そして大正10（1921）年、小樽千秋庵職長の岡部式二氏が札幌で開業（現・千秋庵製菓）。その後札幌から生まれた帯広千秋庵は現在の六花亭へと歴史が紡がれていく。

六代目が見つめる、老舗の今とこれから

昭和21（1946）年、咲太郎氏が亡くなったあとしばらくは当時の番頭が経営にあたるも、昭和43（1968）年、長男の松田宮徳氏が五代目に就任。高田屋嘉兵衛を記念した最中など函館に由来する和洋菓子を発売し、平成の時代まで千秋庵をけん引する。

現在は平成7（1995）年より六代目に就任した松田俊司氏が代表を務める。「四代目の祖父は私が生まれる前に亡くなりましたので直接話すことは叶いませんでしたが、父には『菓子は嗜好品であり、食べなくても困るものではない。つ

「はさみ菊」に用いる菊鋏は咲太郎氏が考案し全国に広まった。写真は取締役工場長・金見氏のはさみ菊。ときに芸術品と謳われる和菓子の世界。これぞ、まさに。

まり、美味しいものでなければ選ばれないものだ』ということを言われてきました。お客様に選んで頂けるお菓子であるために、お菓子作りをはじめ、直接お客様とやり取りをする接客まで真心を込めて行っています」

この「真心を込めて」というマニュアル化の難しい精神的姿勢を伝えるべく、人材育成も現在の千秋庵総本家が力を注ぐことの一つ。製造工場では若手も多く、勤続50年を迎える和菓子職人の金見取締役工場長を先頭に、老舗の味と技術、そして真心を守り続ける。さらに開港150年の際に発売した函館フィナンシェ、函館林檎パイなどの洋菓子は千秋庵の菓子作りの奥行きを更に押し広げた。

初代が自身の故郷・秋田への郷愁の想いから名付けた『千秋』の名。156年の時を超えて更なる道を進む老舗の姿は奇しくも、長寿を祝い千年万年の意味を表す『千秋万歳（せんしゅうばんざい）』の域へと。函館千秋庵総本家、和菓子とそして、函館の歴史と共にこれからも。

千秋庵総本家六代目・松田俊司氏。本店看板の文字は俳人の河東碧梧桐作。

「元祖山親爺」発売当初の焼型。このときはまだスキーのストックは持っていない。

スキーに乗って鮭を背負って。街を走る『元祖山親爺号』。

総本家本店
函館市宝来町9-9
☎0138-23-5131
㊐9:00〜18:00
月1回水曜不定休
他、市内3店舗

(左)大正末期より製造を始めた名物の「どらやき」。手作業で選別する道南産大納言を3日かけて炊いた上質な粒あんと、2段階の「宵ごね」によって仕込まれる生地が旨さの秘訣。
(右)咲太郎氏がはじめて80余年、当時と変わらない製法で作られる「元祖山親爺」。厳選された上質なジャージー牛乳とバター、小麦粉、白玉粉で手間と時間をかけて作られる。

宝船が運んで来る、日本一のきびだんご。

あのきびだんごとは
別物の道産餅菓子

桃太郎さん 桃太郎さん
お腰につけたきびだんご
一つわたしにくださいな

ご存じ、童謡「桃太郎」冒頭の歌詞だ。室町時代に生まれたとされる桃太郎の物語。その後、時代とともに形を変えて、私たちがよく知るおとぎ話へと着地した。この物語に登場するきびだんごとは、黍（きび）の粉と餅米を合わせたシンプルな羽二重餅。桃太郎話の発祥地とされている吉備国＝岡山県が黍の産地だったことや、「吉備団子」という名で特産品として売り出したことから、今や東北以南ではきびだんご＝岡山産のイメージが確固たるものになった。

しかし。ここ北海道、とりわけ函館ではやや解釈が異なる場合が多い。かつては駄菓子屋の人気者として子供達に親しまれ、今はスーパーや土産店、大手コンビニにも並ぶ「日本一きびだんご」。

製造・販売元である地元企業『株式会社天狗堂宝船』が昭和43（1968）年に発売を開始した大ベストセラー商品だ。しかしこちらのきびだんごは、岡山を発祥とするきびだんごとは原料も作り方もまったく別物。大正時代の北海道で生まれた独自の餅菓子なのだ。では、なぜその別物が「きびだんご」と名付けられたのか。それは大正12（1923）年、夕張郡栗山町の谷田製菓が北海道開拓時代に屯田兵が食べていた携帯食をモチー

初代パッケージデザイン。昭和40～50年代生まれの函館出身者には、この絵柄が最も馴染み深く、懐かしいのではないだろうか。

日本一
きびだんご
北海道銘菓
天狗堂宝船謹製

（右）昭和30～31（1955～56）年頃。まだ創業して間もない新川町・千葉製菓の前で。中央に写っているのは創業者・正三の四男・千葉淑文さん（のちの工場長）。（上右）平成19（2007）年に本社工場を七飯町に移転。落成時に撮った集合写真。（上左）左が創業者の千葉正三。

フにした餅菓子を「起備団合」として発売したのがきっかけ。ちなみに起備団合とは【事が起きる前に備え、団結して助け合う】という精神を込めたとされ、発売した年に発生した関東大震災からの復興祈願も含まれている。

　昭和に入り、それまで谷田製菓でのみ製造されていた北海道産きびだんごが、ここ函館でも誕生した。製造を始めたのは大縄町にあった国産製菓株式会社。ここで工場長として陣頭指揮を執っていたのが、のちに天狗堂を創業する故・千葉正三だ。正三は昭和28（1953）年に独立し、新川町に千葉製菓を創業。メイン商品のカステラ、羊羹、最中、どら焼き、あめ玉などを製造販売する。昭和35（1960）年に千葉製菓から社名を変え、有限会社天狗堂製菓を設立。

順調に商売の裾野を広げ、昭和43（1968）年1月、満を持して「日本一きびだんご」の製造を開始。しかし、当初はカステラ等の主力商品とは程遠い位置にいる、まるで脇役のような存在だった。

「特に全面的にPRしたわけではなく、地道に売り続けて生き残った結果、看板商品になったという形です」と率直に語る四代目の現社長・千葉仁さん。発売当初、天狗堂宝船のきびだんごは、谷田製菓・国産製菓に続く三番手の後発だ。他社と同じことをしても活路は見

「日本一きびだんご」のパッケージには時代ごとに数々のバリエーションがあり、今も使われ続けているものも多い。過去にはサンリオとのコラボ商品も発売。また東京・東銀座の歌舞伎座では「歌舞伎座きびだんご」として常時販売されている。

(上)日本一きびだんごは「昔なつかしい味」が信条。道産の砂糖、水飴、小麦粉、もち粉等の原料を専用の攪拌鍋でしっかりと混ぜ合わせる。(下)餅はローラーで伸ばし縦横に切れ目を入れ、手作業で四辺の半端な部分をおおまかに取り除く。

現在使用されているパッケージ。

出せない。そこで二代目社長・千葉浩喜は、これまでの体質と発想の転換を図る。昭和40年代から本州への販路を開き、昭和53（1978）年に北海道初進出を果たしたセブン-イレブンともいち早く取引を開始する等、後発ゆえに可能なフットワークの軽さと独自の企画力を活かし、日本一きびだんごのブランド力を高めていく。いまや会社の代名詞となったこの商品。1日2万本を製造する「不動の主役」として、これからも北海道独自のきびだんご文化を支えていく。

株式会社 天狗堂宝船
本社工場　亀田郡七飯町字中島205-1
☎0138-66-3200

函館の
おいしい
パンの話

今から１００年以上前に花開いた
函館の西洋食文化。
その時代に生まれた食の中でも、
衰えることなく現在に至るまで
市民の暮らしに必要とされ、
また寄り添う存在……それがパンだ。
いまを生きる函館人とパンの、
この密接な距離感。それはパン文化を広めた
偉大な先人たちと、その文化を育て、
守る今の職人たちが積み上げて生まれたもの。
函館生まれのパンの、今と昔。
その両方を行き交う時間旅行へ
みなさんをご案内します。

【明治生まれの函館パン】

抱き続けるのは、新しさと本物を求める姿勢。

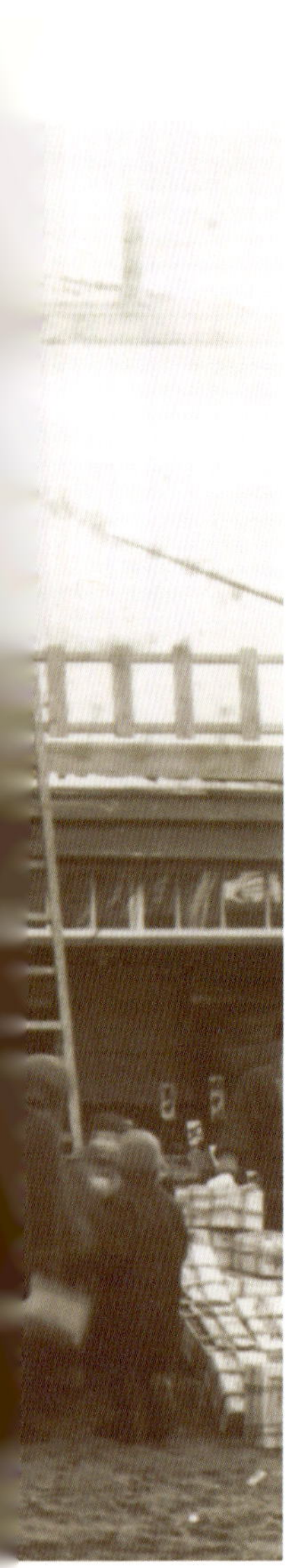

昭和4（1929）年の大門地区。現在はツルハドラッグが営業している場所に新しいパン屋がオープンした。この店こそが、店内の窯でパンを焼き上げるインストアベーカリー、本場フランスの著名な職人直伝のフランスパン、豊かな色彩と際立った風味の洋菓子など、数々のヨーロッパ文化とライフスタイルを函館の地に広めた『キングベーカリー（現・キングベーク）』だ。

キングベークの創業と休業を強いられた戦争の影

キングベーカリーの創業者である石館久三は青森出身。実家は薬問屋、自身は東京で服飾業に従事していたが、洋食文化が広まる中「これからは洋食、それも主食であるパンだ」という知り合いのすすめを受け、開港都市として古くから西洋文化が根付き、久三の親戚が経済界で活躍していた函館での出店を決める。

昭和10（1935）年には旧駅前ビルに分店を開店するなど、北洋漁業で隆盛を極めていた当時の函館経済を背景にキングベーカリーは順調に業績を伸ばすが、戦争の物資不足の影響で昭和18（1943）年からは休業を強いられる。そんなキングベーカリーが再び目を覚ますのは終戦から2年後の昭和22（1947）年、後に二代目となる石館とみが函館に戻った年のことだった。

新しい価値観を提案した本物にこだわる経営者

パン職人ではない石館とみはパン作りの技術は持ち合わせていなかった。その代わりに、強い本物志向と、並外れた探究心、そして人

昭和10(1935)年12月27日、開店したばかりの駅前分店前で撮影。

間的な魅力という大きな武器を携えてキングベーカリーの経営に取り組む。その姿勢とこだわりは、終戦後、欧米の食文化へ舵を切りつつあった函館市民のニーズに合致し、市内各所に支店を開店させた。

中でも五稜郭店、さいか店では昭和30年代に現在も一流メーカーとして君臨しているフランスのボンガード社製の焼き窯を導入し、現在では当たり前になっている店内の窯で焼き立てパンを提供する「インストアベーカリー」をいち早く導入。香ばしく、芳醇な焼き立ての匂いを漂わせるパン屋ならではの魅力を発信した。

とみのこだわりは製法にも及ぶ。昭和42(1967)年にはフランスの著名なパン職人で後に兵庫県と東京で「ビゴの店」を開店させるフィリップ・ビゴを招聘し、本格的なフランスパン製造の技術を得るなど、「市民の皆さんに本物を提供する」を合言葉に、本格路線をひた走る。

顧客目線が判断の基準 現場主義経営の根幹

石館とみの情熱はパンだけにとどまることはなかった。ダスキンの創業者である鈴木清一と異業種交流会をきっかけに親交を深め、昭和40（1965）年にダスキンの北海道一号店となるダスキン函館を設立。その後、昭和53（1978）年にミスタードーナツの北海道一号店を五稜郭の現在地に開業。平成2（1990）年にはダスキンとの合弁会社「㈱エバーフレッシュ函館」を設立、国内や東南アジアなど1300店舗以上のミスタードーナツで使用されるパイの全てを製造している。

現社長の坂本欣也さんは「先代（石館とみ氏）は、とにかく自分の足で情報を得るタイプでした。直接会いに行って話を訊き、実物を見て、決断する。90歳を過ぎても毎日のように店に出てはお客様に話しかけて、それをもとに商品やサービスを改善していました。人間的な魅力とチャレンジングスピリッツにあふれた人でした」と話す。

美味しいパンを作るために必要なのは技術だけではない。本物の商品やサービスをイメージし、それを具現化する『実現力』こそ必要な能力だと石館とみは自らの足跡で示している。

昭和10（1935）年頃、現在のツルハドラッグ松風店付近にあった大門本店。

フイリップ・ビゴ
フランス国立製粉学校・製パン科講師

彼は、キング・ベーカリーの工場に寝起きしながら、熱心に技術を教えて下さいました。特に日本の技術者と違うところは、粉に加える水の量を、その日の条件、湿度の状態によって変えることです。どんな条件のときでも一定量の水で粉を練るようなことは決してしませんでした。それで、粉に力がつき、ふっくらとパリッと焼きあがるのです。

フィリップ・ビゴは昭和42（1967）年に来函し、同社のパン工場に寝泊まりして製造技術を伝授した。ビゴはその後、自分の名前を冠した店を開き現在も関東や関西で20店舗近く営業している。

石館とみ氏（写真上）と現社長・坂本欣也氏（下）。

平成27（2015）年からはパリに店を持つ世界的なショコラティエ、モリヨシダとのコラボレーションスイーツの販売を開始。そのほか、昭和40年代後半に販売していた「石館チョコレート」を当時のレシピのまま復活させるプロジェクトも進行中。

キングベーク
函館市亀田本町7-8　☎0138-49-0963
㊋8:00～21:00（夏季は7:00～）　無休

〝市民のパン屋〟として蒔いた文化の種。

創業明治20（1887）年。そして突然の幕引きとなった平成9（1997）年までの110年間。戦前、戦中、戦後。そして高度経済成長から流通業界の激動期にかけて。時代に翻弄されながら、いかなる時も〝市民のパン屋〟であり続けた函館パン文化の偉大なる開拓者『精養軒』。その記憶を掘り起こしていきたい。

●

精養軒の創業者は杉村米蔵。明治13（1880）年、製パンで最大の成功者といわれた東洋堂・中村作兵衛商店に入り、パンと菓子づくりの修業を積む。そして明治20（1987）年に独立し、杉村商店を開業。相生町（現在の元町）に構えた本店の店先には、それまで市民にとって縁の遠かったイギリス

大正当時の精養軒本店。場所は相生町（現在の元町）101番地、向かいにはレストラン五島軒。函館の西洋食文化を象徴するような場所だった。

型の食パンや菓子パンを求めて、客が列をなした。大正を経て昭和に入り、人々の暮らしの変化によって急激にパンへの需要が高まり、精養軒は黄金期に向けて勢いを加速していく。

昭和39年
製パン界激動の時代に

昭和39(1964)年、精養軒にとって二つの大きな出来事があった。一つは三代目社長・杉村久次の急逝。このとき53歳。経営者として円熟期を迎えつつあった矢先のことだった。そして二つめは、東京・立教大学を卒業してパン製造の修業中だった息子の杉村吉彦が函館に帰ってきたことだ。思わぬタイミングで老舗の未来を託された23歳の若者は、ここから試練の大航海に出る。74歳になった四代目元社長・吉彦さんに当時を振り返ってもらった。

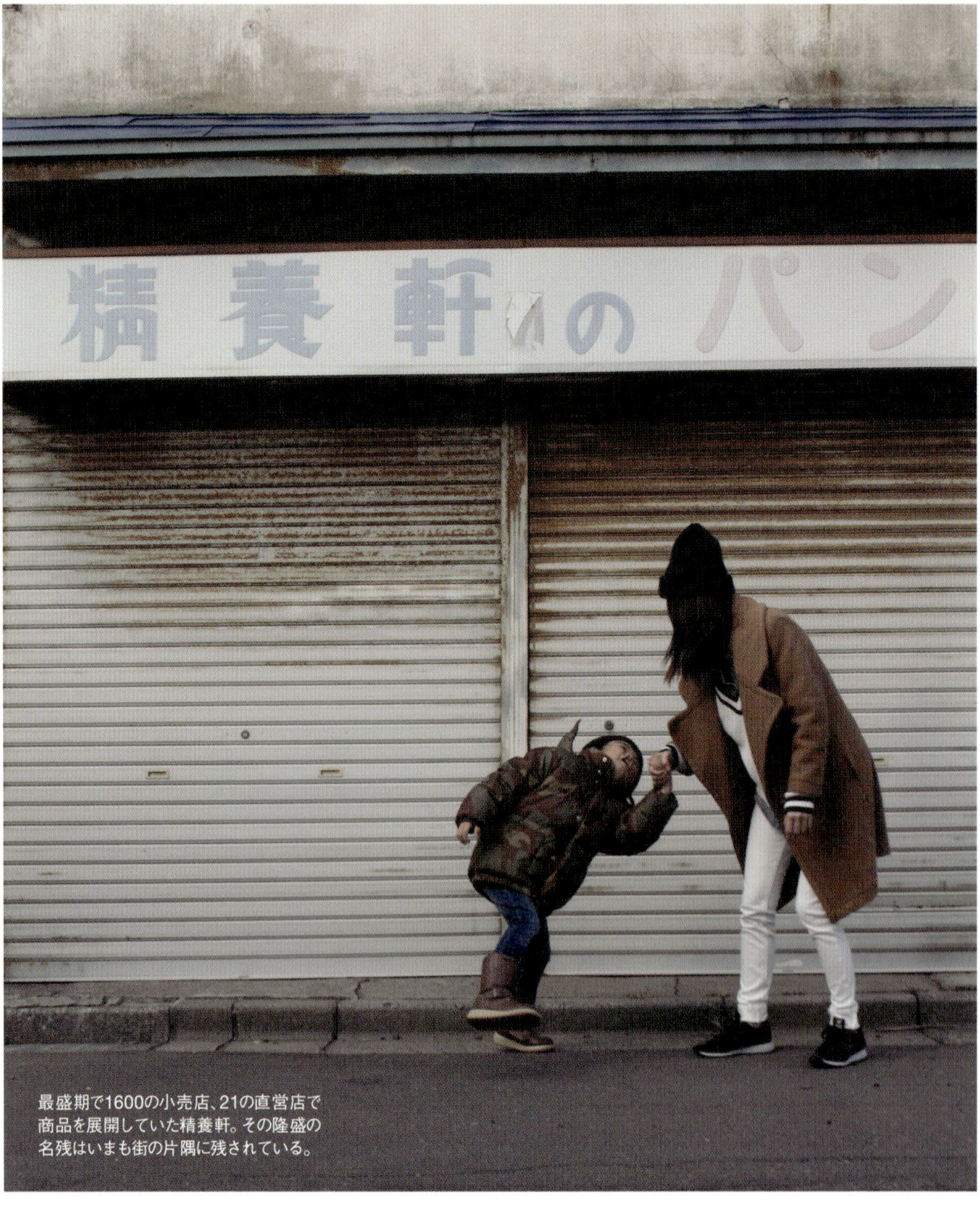

最盛期で1600の小売店、21の直営店で商品を展開していた精養軒。その隆盛の名残はいまも街の片隅に残されている。

「大学を出たあと、家業に加わる前の準備として東京の『銀座 木村家』に修業に入りました。日本で最古ともいわれるベーカリーでしたから、ここでの経験は大きかった。でも、まさかこのタイミングで父が亡くなるとは思っていなかった。僕が函館に戻った昭和39（1964）年は函館のパン業界にとっての転換期。札幌の日糧製パンやロバパンなどが函館のマーケットを求めて参入してきて、地元のあらゆる製造・小売の会社の整理と統合がなされました。それに加えて大型スーパーという存在が出てきて、これまでの流通の流れも大きく変わった。パン屋にとっては激動の時代でした」

しかし吉彦さんは攻めの姿勢を貫く。昭和42（1967）年には製造拠点を元町から昭和に移し、新たな大型工場で生産力を高めていく。その一方で、新しい直売のスタイルを模索して誕生させた店が『リスドール』だ。昭和40年代、函館駅前・大門の角地に1号店をオープン。国内製造の大型フランスパン窯を導入し、客から見える場所に配置。「焼きたて」の演出と、函館では馴染みの薄かった本格的なフランスパンは大きな驚きと喜びをもって迎えられた。

〝いいパンを作ろう〟110年守られた約束事

「パン屋というのは一にも二にも職人商売。大切なのはいい職人を育てること」。函館の大看板を背負った時代を振り返り、吉彦さんはそう語る。機械化を推進して、量を売るか。技術を磨いて、手間暇を売るか。経営者として、その葛藤の中で過ごした日々だった。

「戦前から戦後。どんなに時代が変わっても〝いいパンを作る〟という気概を忘れたことはない。精養軒は、それがずっと根底にあったブランドでした。だから110年もパンづくりを続けられたんだと思います」

函館から、精養軒が無くなって20年近くが経つ。しかしその間、110年にわたって蒔かれたパン文化の種はゆっくりと育ち、この地に強くたくましく芽生えている。

昭和40年代から精養軒の新しい直売店ブランドとして誕生した『リスドール』。写真はその大門1号店が誕生した当日の模様。

杉村さんの父であり三代目・杉村久次氏の肖像。戦前から戦後にかけてパン需要が急カーブを描いて上昇する時代に陣頭指揮をふるった。昭和39（1964）年年没（53歳）。

昭和に入ってからパン需要が急激に増加。日々膨張する街への対応として、急遽フォード車を購入し、当時としては斬新な車での移動販売をスタート。

昭和9（1934）年から最後まで元町本店に掲げられた看板。題字は江戸生まれの書家・西川春洞。現在の漢字書道界の基礎を築いた大家。（市立函館博物館所蔵）

●参考資料
『はこだてと外国人居留地 街並・文化編』（はこだて外国人居留地研究会 刊）
『富の函館』（富の函館社 刊）
『はこだでぃ 1992年冬号』（幻洋社 刊）

あの頃と何も変わらない場所。

昭和時代そのままの風情が漂う店構えで、昔ながらのスタンダードな菓子パンや惣菜パンを販売する銀座通りの『宝来パン』。店は、まだ西部地区に人通りが多かった昭和のはじめ頃には既に現在の場所にあって、長らくパンの製造と販売を続ける老舗である。

店主は村上金之助さん。同店には昭和29（1954）年、16歳のときに入社。途中、神戸などへ修業に出たあと再び店に戻り昭和43（1968）年頃に同店の代表となった。

「今は私が店をやっていますが、創業者の直系ではないのでここがいつから営業をはじめていたのか、正直よくわからないんですよね。昔の話をしたがらない雰囲気もあったので、使われていた時代に詳しく訊いたこともなくて。ただ、創業者がアメリカから帰ってきた人だったらしいということと、創業当時は、二十間坂の上の辺りに店があったということは聞いています」

現在は製造、販売を1人でこなしている村上さんだが、店が忙しい昭和の中頃は6、7人の職人が昼夜交代でパンや菓子を作り、さらに職人たちは現在の店舗の2階と3階に住み込みで働いていたという。「昔は本当にパンが良く売れてね、五稜郭の支店と本店から3台

村上さんとお客さんが和やかに会話する風景も昔から変わらない。

ずつ、リヤカーを出して売り歩いていましたよ。そのときお客さんにラッパの音で存在を知らせるんですが、その音色の出来が良いとお客も良く集まるんで、キャバレーでバンドをやってるラッパ吹きのプロを雇うんですよ。……そういう時代でしたねえ（笑）」

　さて、近年の宝来パンだが、驚くことに販売しているパンはここ20年ほど値段を変えていないそうだ。種類は15、6種ほどを揃え、メロンパン100円、ポテトサラダ110円、チーズロール80円、ミックスジャム90円、カスタークリーム90円、レーズンパン90円など、今も昔も変わらずに愛され続ける馴染みの顔が店頭に並ぶ。

　パン職人として62年を迎える村上さん。取材の最後に「何年やってもね、毎日同じにするのは難しいんだよ」と、パン作りの奥深さをしみじみと教えてくれた。

宝来パン本店
函館市末広町7-15
☎0138-23-0332
㊐8:00〜18:00　日曜休

今も健在。伝説のベーカリー

昭和56（1981）年に開業し、好景気の後押しで一時代を築いたものの、平成15（2003）年に幕を下ろした百貨店・函館西武（創業当時の店名）。その地下1階のベーカリー『神戸ウプサラ』は、既存の函館パン文化に新風を巻き起こした〝伝説のベーカリー〟として、今もなお地元人の間で語り継がれている。

　開業前、神戸で修業を積んで専務兼店長として函館に戻った櫛引豊さん。大きなプレッシャーの中でオープンの日を迎えたが、その直後から予想をはるかに超える大勢の客でごった返した。しかし喜びも束の間、パンが足りないという不測の事態を招く。焼いても焼いても追いつかず、製造のペースをつかむまでは客と西武の担当者に頭を下げる日々が続いた。

　これまでの函館にはなかった新しい百貨店像を見せつけ、市民の心を躍らせた函館西武。このベーカリーも同様、地元では馴染みがなかった「パンを焼く職人の姿を見せる」オーブン隣接の店舗設計で客の心をつかんだ。そして、櫛引さんが確立した製法・72時間低温醗酵でつくられるイギリスパンは、まさに飛ぶように売れた。

　そんな好況とは裏腹に、テナント店ならではの苦労も痛いほど味わった。なかでも西武の担当者からの「閉店ギリギリまでパンをたくさん並べて欲しい」という要望を受け続けたのは相当堪えたという。つまり廃棄することを前提にパンを作れということだ。職人として、

昭和56（1981）年の開業から間もない頃の店の風景。焼き場を前面に配した作りは当時斬新だった。若き日の櫛引さんが奥に見える。

神戸ウプサラのパンを知る世代にはたまらない、『神戸こむぎ館』のイギリスパン。全盛期、いつも街には神戸ウプサラのショッピングバッグを持ち歩く人が大勢いた。

現在は『神戸こむぎ館』代表の櫛引豊さん。

耐え難いことだった。やがて、20年を区切りとして独立の道を探し始めた櫛引さん。百貨店の売上高は平成3(1991)年をピークに減少の一途を辿る。櫛の歯が欠けるようにテナントが抜けていくのを見て、潮時だと感じた。

　平成13(2001)年、櫛引さんは函館西武に別れを告げて本町に自身のベーカリー『神戸こむぎ館』を独立開業。一方、2年後。函館西武はその歴史にピリオドを打つ。昭和の終わりから平成にかけて、函館パン文化に大きな足跡を残した『神戸ウプサラ』。あの地下1階に広がる芳醇なパンの香りは、ファンの脳裏にしっかりと刻まれている。

神戸こむぎ館
函館市本町28-14
☎0138-55-3825
㊐8:00〜19:00　日曜休

函館の贅沢、ご飯の友

言わずと知れた食材の宝庫・函館。
足を伸ばさずとも上質な海のもの、山のもの、
畑のものが集まるこの街の食卓には、
それぞれに思い入れのある「ご飯の友」があります。
アツアツのご飯にのせて、またはおかずとして。
古くから伝わる料理から、創意工夫を凝らしたアイデア料理まで。
ご飯の友を探ることで、函館独自の食文化まで見えてくる。
函館の食卓における、最高の贅沢を探しに出掛けます。

お店で買える15品。

粒うに

奥尻産の上等なうにを塩のみで加工した無添加の『粒うに』。味わいは生のものにとことん近く、うに本来の甘味がしっかり。是非、炊き立てご飯で。70g2200円。高松商店・函館市新川町1-2（自由市場内）　☎0138-23-6416

筋子

市内外の筋子好きから評価の高い佐藤商店の『筋子』。粒は小さめ、程よい甘味と塩気、まろやかな口当たりでご飯がたちまちご馳走に。おにぎりにも最適。100g700円〜。丸み佐藤商店・函館市新川町1-2（自由市場内）　☎0138-26-7244

函館戸井産まぐろふりかけ

「戸井まぐろ」赤身をフレーク状に仕上げた贅沢ふりかけ。ほのかなわさび風味、カリッとした食感が絶妙。お茶漬にも。一瓶648円。函館鮨処ひろ季・函館市本町26-17（ホテルネッツ函館2F）
☎0138-55-5553

自家製鮭フレーク

北洋産紅鮭を使った100%手作りの『鮭フレーク』。とことん細かくほぐされた鮭の身はその細かさゆえに"ふんわり"とした印象。味付けはやさしく控えめ。一瓶540円。米塚商店・函館市新川町1-2（自由市場内） ☎0138-26-8367

赤かぶ千枚漬

赤かぶ栽培歴50年超の農家が加工・販売まで手がける。無添加。例年12月〜春先まで販売。市内の各スーパーでも購入可。200g入り250円。坂口農園・函館市若松町9-22（函館朝市ひろば産直市内） ☎0138-51-3577

川えび佃煮

毎年春と秋に行われる大沼の川えび漁。漁獲後すぐに加工して貯蔵するから、特有の深い照りと風味を楽しめる佃煮を通年で味わうことができる。佃煮、塩蒸し共に180g1050円。源五郎・亀田郡七飯町字大沼町145 ☎0138-67-2005

たらば蟹の内子の塩漬け

この見た目に初めて見る人はどきりとするらしいが、北海道外ではほとんど手に入らない珍味中の珍味がこれ。メスのタラバガニのお腹の中の未成熟な状態の卵を塩漬けにしたもの。丸み佐藤商店・函館市新川町1-2（自由市場内） ☎0138-26-7244

ひこま豚 ロースみそ漬

しっとりした肉質と、甘みの伴った脂が特徴のひこま豚ロース肉を熟成味噌にじっくり漬け込んだ一品。焼いた時に立ち上る香りも醍醐味のひとつ。2枚入り650円。ひこま豚ファーマーズマーケット・茅部郡森町赤井川139 ☎01374-7-1456

贅沢かつお×こんぶ

南茅部の真昆布をはじめ、鰹節、帆立、椎茸など産地と旨味にこだわった素材を調合したふりかけ。パッケージを開けた時に広がる香りはこの商品ならでは。40gオープン価格。函館ひろめ堂株式会社・函館市桔梗町379-32 ☎0138-34-2570

漁師の手づくりいくら

漁獲後3時間以内に秘伝のタレに漬け込む。市場に出荷する前に漬け込むイクラって食べたことあります? 「新鮮って素晴らしい」を再認識させてくれるイクラ。300g2850円。マルウメ柴田商店・函館市新湊町111-4　☎090-3397-3330

鰊の切り込み

切り込みとは塩と米麹で漬け込んで発酵させたもの。鮭やニシン、日高地方ではカレイを原料にしたものもある。塩辛同様、お茶漬けやご飯のおかず、酒の肴にも。和田鮮魚店・函館市新川町1-2(自由市場内)　☎0138-26-8365

無添加あま塩たらこ

道南近海のスケソウの真子を海洋深層水と赤穂の天塩だけで、1ヶ月から2ヶ月じっくり漬け込んだ一品。色が鮮やかでないのは無添加と熟成した旨さの証。250g2570円。八島商店・函館市元町32-20　☎0138-23-1703

鶴の子大豆納豆

主に道南・今金町産の大豆「鶴の子」を使用。やや大粒でタレとの相性も抜群。毎日食べても飽きない味わい。市内の各スーパーで販売。3パック入180円。だるま食品本舗・函館市西桔梗町589-216　☎0138-49-3569

わかさぎ筏焼

船からおろしたわかさぎを一匹ずつ丁寧に串に刺し、時間をかけて焼き上げ味付けした大沼名物のひとつ。酒の肴にしても◎。小13串500円〜。つしま謹製・亀田郡七飯町字大沼町211-7　☎0138-67-2251

ニシンのぬか漬け

以前は塩のきいた「しょっぱい」ものが多かったが、最近は塩分をひかえた「甘塩」が主流だとか。おにぎりの具にもお茶漬けにもぴったりな一品。和田鮮魚店・函館市新川町1-2(自由市場内)　☎0138-26-8365

お店で味わう15品。

たらこの天ぷら

そのまま食べても充分美味しい甘口たらこをカラッと揚げる『たらこの天ぷら』。中心のレア具合が絶妙のため、焼きたらこ派、生たらこ派の両派が仲良く同座できる一皿。白飯も完備。500円。串焼き かいもり・函館市本町31-3 ☎0138-51-2812

南蛮味噌・野菜入

なす、ピーマン、パプリカなど香りと甘みのある野菜を、味噌と南蛮を投入して水分がなくなるまで弱火でじっくり炒める。甘さの後に南蛮の辛さがガツンと来るひと品。やきとり とり藤・函館市中道2-31-12 ☎0138-53-9300

煮込み

自家製の塩ダレで味付けしたホルモンが人気の店だが、冬場の隠れた人気者が煮込み。たっぷりのホルモンと味噌のコク、生姜の風味にご飯がすすむ。塩ホルモン いちりき・函館市本町18-23 新五番街ビル1F ☎0138-55-3600

四川漬け

函館塩ラーメンの重鎮・あじさい。その草創期である昭和初期から変わらぬレシピで仕込む四川漬け（通称・あじさいキムチ）。四川泡菜とも呼ばれる。300円・函館麺厨房あじさい・函館市五稜郭町29-22　☎0138-51-8373

燻製ホタテのクリームコロッケ

とろ〜り濃厚な自家製ベシャメルソースが燻製ホタテの香りと味を包む、マルテンオリジナルのコロッケ。柔らかなソースを包む、ザクッ！とした衣も絶妙。1個210円。手作り惣菜・揚げ物マルテン・函館市海岸町5-10　☎0138-27-3636

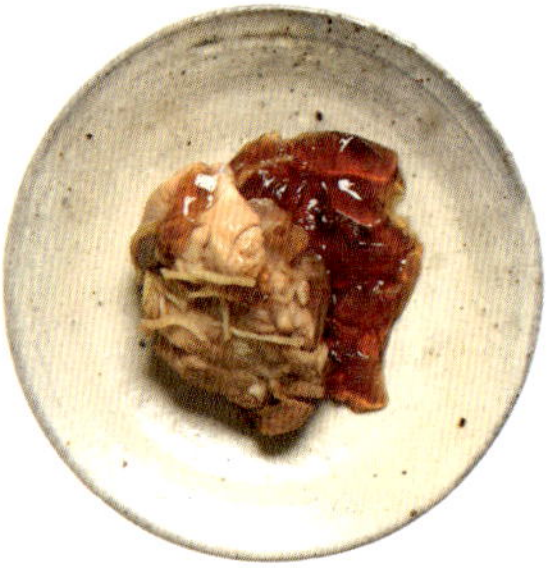

かすべのほっぺの煮付け

かすべ（えい）のほほ肉を使った煮付け。ぬたや唐揚げにしても旨いが、ご飯の友にするなら煮付けが一番。1ヶ250円（不定期メニュー）。あっとほーむキッチン めぐの家・函館市本町1-22 岡村プラザビル1F　☎0138-33-2828

タイの激辛ふりかけ

タイ語で「ナムプリックナーロック」と呼ばれ、"奈落"または"地獄"という意味の激辛ふりかけ。粗挽きの唐辛子と揚げ海老をたっぷり盛り込んだチリペースト状の一品。スタッフのまかない用。ボーコーソー・函館市梁川町18-21　☎0138-31-1074

チャーマヨ

とろとろになるまで柔らかく仕込んだチャーシューのミンチと刻みネギをマヨネーズで和えた、ラーメン店定番の副菜。ご飯メニューの付け合わせとして提供。函館麺厨房あじさい・函館市五稜郭町29-22　☎0138-51-8373

南蛮味噌

青唐辛子と味噌だけを弱火で炒め水分を飛ばして作る一品。口に入れた瞬間、インパクトのある辛さが駆け巡る。年に一度だけしか仕込まないので品切の場合はご容赦を。やきとり とり藤・函館市中道2-31-12　☎0138-53-9300

生たらこの醤油漬け

真たらの生たらこを酒と醤油で3日漬け。炊きたてのご飯の上にのせると、何杯でもいけそう。日本酒のアテにしてもいい。250円(季節限定)。あっとほーむキッチン めぐの家・函館市本町1-22 岡村プラザビル1F ☎0138-33-2828

甘味噌

味噌、卵黄、砂糖、酒、みりんを練り上げたもの。焼きおにぎりに香ばしさとコクを与えるが、ご飯にもぴったり。販売はしていないので、焼きおにぎりで味わって。おむすび屋ふじ・函館市鍛治1-25-18 ☎0138-32-0177

ひじき煮

ひじき、人参、しらたき、ちくわ。何の変哲もない材料を使っているのに後を引く美味さに仕上げのは、この場所で50年以上愛される食堂の実力。170円。津軽屋食堂・函館市松風町7-6 ☎0138-23-4084

きんぴらごぼう

「きんぴらごぼうかくあるべし」。根菜の食感と旨味を楽しむ王道家庭料理。辛味は抑えているので、お好みでテーブルに備えてある一味でカスタマイズを。170円。津軽屋食堂・函館市松風町7-6 ☎0138-23-4084

じゃこ

焼きおにぎりに入ると食感のアクセントと香ばしさがプラス。そのままご飯にかけて醤油をひとたらしするだけでも豊かな風味を楽しめる。非売品。おむすび屋ふじ・函館市鍛治1-25-18 ☎0138-32-0177

キャベツ煮

油炒めしたキャベツ特有の甘みと、醤油の香りが織りなすハーモニー。全然特別じゃないのに何度も食べたくなる「おふくろの味」的な一品。170円。津軽屋食堂・函館市松風町7-6 ☎0138-23-4084

【函館塩辛物語】

創業100年。昭和初期から木樽で仕込むいか塩辛。

平成25(2013)年、創業丸100年を迎えた函館いか塩辛の老舗『小田島水産食品』。代名詞は【木樽仕込み】。昭和初期から変わらず、杉の木樽を使っていかの塩辛を作り続ける希少な存在だ。

創業は大正3(1914)年。新潟県燕市出身の小田島長治と妻・艶(つや)が大手町で小さな食料品店を構えたのがはじまり。当時はまだいかの塩辛はなく、スルメの素干しや缶詰などの加工食料品を取り扱う店だった。昭和に入り、やがて跡継ぎとなる長治の息子・喜一郎は家業を手伝いながら、十字街にあった写真館に出向いてカメラの修業へ。戦時中は、陸軍第七航空隊に入隊して写真部に配属される。そこにはのちに日本を代表する名優となる三船敏郎もいて、ともに戦火の中で航空写真を撮り続けたという。終戦後は北海道に戻り、留萌でちくわを製造する北産食品で働く。そこでは無報酬で働いた代わりに、いずれ函館で始めようと思い描いていたいかの塩辛作りの生命線「塩」をもらった。昭和22(1947)年、喜一郎はその塩を函館に持ち帰り、念願だった塩辛作りに臨む。やがて『小田島喜一郎商店』のいかの塩辛は評判を呼び、工場には200本もの木樽を揃え、フル稼働で製造に明け暮れた。50本は今でも現役で使われている。

「木樽で作ることで味に深みと奥行きが出るんです。そのわけは、木樽の内壁に染みついた発酵菌の力。これによってふくよかな味が生まれて、着色料を使わずとも桜色になる。そのかわり、目に見えないものの力を借りるので、味のバランスをとるのが非常に難しいですね」と先代の息子で三代目社長の小田島隆さん。木樽仕込みで生まれる塩辛の味には、絶対の自信を持つ。同

(左)昭和27(1952)年、弁天町の小田島喜一郎商店にて。前列右端が生後間もない隆さんと叔父。後ろに見えるのは父・喜一郎と母・富子。(右)昭和30(1955)年頃の工場の様子。「こが」と「ボウチカ」が並んでいる。

三代目社長・小田島隆さん。大学を卒業後、東京の銀行に入社し、千葉県習志野市の支店で4年間働いた。

社で代々使われている木樽は2種類ある。秋田発祥とされる「こが」という味噌仕込み用の杉樽。そしてロシア発祥とされる「ボウチカ」というウイスキーやワイン用の杉樽。「函館は和洋折衷の街だから、和樽と洋樽を使って塩辛を作ってるうちみたいな会社は実に函館らしくていいんじゃないかと、最近思うようになりましたね」と笑う。

逆風が吹いた時代もあった。昭和40年代に入ってから、木樽で作ることへの需要が急激に落ちた。それは日本人の味覚の変化、スピード重視の物流の変化、健康志向などの意識の変化により、市場が「塩分が低くて、日持ちして、早く大量に生産できる塩辛」を求めだした。

それでも小田島水産は、さばいたイカを丸1日塩漬けして、木樽で1週間熟成させてから出荷する方法を貫いた。

「つい20年前まで、商品には〝木樽仕込み〟という言葉はなかったんです。昔からこの方法で作っている我々にしてみれば、それが当たり前だった。でも気づけば全国どこの工場でも木樽を手放してプラスチック樽に切り替えていた。そこで周囲の方々が我々の木樽に存在価値を見出してくれた。だったら、とことんこだわろうと」。万人に愛されるというより、繊細な味の違いがわかる人達に愛される塩辛作り。それは101年目からも変わらぬ姿勢で続いていく。

木樽で熟成させる1週間、毎日「突き棒」で全体を突いて、空気の入れ替えを行い発酵菌や微生物の作用を促す。これによってふくよかな味わいが生まれる。

小田島水産食品株式会社
函館市弁天町20-7　☎0138-22-4312

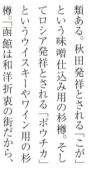

年100万個を売るヒット作「社長のいか塩辛」誕生秘話。

「社長のいか塩辛」。スーパーで、コンビニで。地元人なら誰もが一度はこのパッケージと商品名を目にしたことがある。平成9（1997）年の発売開始と同時に人気に火がつき、現在は年間100万個を売るという函館が誇る大ヒット作である。この製造販売元である『布目』の塩辛の歴史も古く、創業75年目を迎える。

富山県出身の布目賢治が、鮮魚売買と水産加工を兼業する弁天町の北商店（現在の北冷蔵株式会社）へ奉公に出向き、経験を積んだのち36歳の時に開業した『布目賢治商店』がルーツ。当初はいかの塩辛とスルメ等を使ったいか加工品をメインにスタートした。昭和36（1961）年には冷蔵設備を購入し、『布目水産冷蔵株式会社』を設立。これを機に「塩辛の白造り」（イカの皮を剥いだ胴肉を使い、ゴロと食塩を加えて熟成させた身のやわらかい塩辛）を商品開発。これが本州を中心に大ヒットとなり、不動の地位を築いていく。

創業者・布目賢治を振り返り、「とにかく頑固。頑固のかたまりのような人。本当の苦労人でした」と語るのは現在の三代目社長・石黒義男さん。売上増加のたびに惜しげもなく設備投資と工場拡充を重ねて会社を大きくしていった才覚溢れる先々代同様、石黒さんもまた道内や本州での販売強化のため次々と営業所を展開。現在は札幌、大阪、福岡に拠点を構えて、創業72年目となる平成25（2013）年には新社屋・工場を浅野町に建設した。

現在は40品目にも及ぶ同社のいかの塩辛だが、看板商品は冒頭でも触れた「社長のいか塩辛」だ。この商品は当初、販売目的ではなく、あくまで社長自身が自分で楽しむためのものであり、来客用や取引先まわりの際に持ち歩く土産品として造っていたもの。販売目的ではないので、コストは度外視。新

（右）布目の工場内の様子。ここで約200種にも及ぶ自社製品を製造している。平成25（2013）年には国際基準の品質マネージメントシステムFSSC2 2000を認証取得。万全の衛生管理体制を敷く。（左）三代目社長の石黒義男さん。

鮮な真イカを使って、添加物は一切使わず、昔ながらの塩分強めの味付け。一度食べた人からの評判がやたらと良かった。「いつも工場の冷蔵庫に、段ボールに入れて『社長用の塩辛』と黒マジックで書いて保管しておいたんです。ある日、それをいつも見ていた従業員から〝これを商品化しては？〟というアイデアが出た。最初は僕自身もピンと来なかったし、彼らが〝商品化するならパッケージには社長の顔写真を〟と言うもんだから、それが嫌で半年くらいこの案件を放置していたんです（笑）」。その後、社内プレゼンで社長のイラスト（本人とはかけ離れた、いわゆる昔の社長像を模したイラスト）が完成し、商品化への経緯をそのままコンセプトに。原料として北海道近海で水揚げされたスルメイカを使用し、スピーディーな内臓除去、丹念な水切り、イカゴロと調味料を特殊な攪拌機で均一に混ぜ合わせて、4日間かけて熟成させる等の工程を確立させて販売開始。発売から18年を経た現在でも1日の製造量は2トンを超える。

「塩辛の生命線はとにかくいい原料。そして必ずゴロを入れて熟成させる。これが旨い塩辛の基本です。正直な話、いかの塩辛の市場はジリ貧ですよ。しかも布目の塩辛は業界でも一番高い部類。でもコストを下げて味を落とすような仕事は一切しないと決めてます。ここは函館。北海道函館の塩辛を食べてもらって、ガッカリさせるわけにはいかないですよ」

（上）創業者の布目賢治。開業間もない頃の1枚。（右）昭和36（1961）年、函館市の塩山水産から冷蔵庫施設を購入し、西浜町（現在の弁天町）に布目水産冷蔵を設立。ここから同社の快進撃が始まる。

株式会社 布目
函館市浅野町4-17
☎0138-43-9101

コーヒーが香る街角へ

コーヒーは、旅をする。遠い異国の地で育ち、摘まれて、作り手のもとに届く。

それでもまだ、旅は終わらない。管理、選り分け、焙煎、抽出。作り手の数だけ存在する理論と方法。

その積み重ねを経て、ようやく目的地であるカップの中に辿り着く。

その長い旅路の果てに、コーヒーは私達に日常の中の小さな喜びや至福の時間を与えてくれる。

LOVING COFFEE.

コーヒーがあるだけで、毎日がすこし嬉しい。

プロである前に、生業として選択した「珈琲を思考し続ける」という道

横山珈琲店（宮前町）

「この感じ、いいだろ？ ここにいるのは俺一人。静かだし、暗いし、考え事をするのにうってつけなんだよ。この時間がなにより好きだね」

朝5時過ぎの『横山珈琲店』。店内の照明はすべて落とされ、卓上用の小さなランプだけが灯る。窓からわずかに射し込む光が、たったいま焙煎を終えたばかりの豆と、一定のリズムでロースターを回し続ける男の姿をぼんやりと浮かび上がらせる。

昭和56（1981）年、宮前町で産声をあげた自家焙煎コーヒーの店。この街で生まれ育ち、故郷を離れて、そして戻るまで。ずっとコーヒーと切っても切れない環境で暮らし、この底無しに深い世界に自ら身を投じた店主・横山俊郎さん。この人にとって生きる時間とは、コーヒーを作る上で常につきまとう「疑問」と向き合い、それに対しての「回答」を導くためにある。気がつけば、函館だけではない様々な街のコーヒーの作り手達に影響を与えてきた。もっとも、当の本人にそのような意図も自負も、さらさら無い。「この仕事は日々疑問だらけ。もちろんそれは正解が出るまで考え続けるよ。そんな調子で生きてるから、自分のことだけで精一杯。他人に構ってなんかいられな

横山俊郎

メニューは珈琲・深煎り・軽い珈琲・冷たい珈琲の4種。「そもそも苦い味というのは、人間にとってあまり歓迎されないもの。それを伴った飲み物を作ってるんだから、旨いと感じてもらうまでのハードルは高い。そうなるとキレと清涼感が重要」

いよ」。今まで、数多くの同業者や起業希望者がノウハウを伝授してもらおうとこの店を訪れた。「大抵は技術とか知識を求めて来るんだけど、大事なのはそこじゃない。人としての総体力だよ。コーヒーを作る力をつけるにはまず時間と体力が必要だし、それを手に入れるためには覚悟が必要。精神力も含めて。それを全部教えるのは不可能に近いよね」

　そんな横山さんのコーヒーに魅了された人達にとって、聖域にも近い早朝の焙煎作業を覗く。毎朝4時30分、仕事にとりかかる。店で使用する豆は中南米産のみ。ブレンドはコロンビア、ペルー、グァテマラ。この3つの産地は固定で使い、+アルファで加える豆はそれぞれの出来によってアレンジする。生豆を丁寧に、かつ素早くハンドピック。焙煎後の選り分けも含めて「とにかく〝重要〟の一言」と言い切る作業だ。焙煎は手回しのロースターを直火で。400gの豆に火があてられ、しばらくすると最初に「爆(は)ぜる音」、次に「豆の組織が壊れる音」の2段階の音が鳴る。こ

毎日1回の焙煎が終わるごとに室温・湿度・煎り止めした時間などをノートに書き込み、データとして残す。これも創業から休まず繰り返される大事な工程。「徹底的に数値化して裏付けをとる。勘なんて絶対にアテにならないね」

の2つの音を聞き分けて、煎り止めするまでが勝負。片手にもったストップウォッチは1回目の音が消えかかってから初めて計測にかかる。そこから2回目の音が派手に鳴り出し、それが落ち着くまでのわずか数分間。この時間の調整によって、味を作る。一度、ロースターの中に入れた豆はその状態を目視することは出来ない。だから横山さんの焙煎は、このようにして「耳で焼く」。煎った豆はすぐさま外に設置した自作の冷却機にセットして、一気に冷やすと同時に豆を覆う銀皮（シルバースキン。渋みのもとになる焦げ皮）を綺麗に飛ばす。「生豆の管理から始まって、ハンドピック、焙煎……要するに重要なのはコーヒーを淹れる前段の部分。よく鮮度が大事っていうけど、大事どころじゃない。生鮮食品だよ。だから仕事の工程がおのずと細かく刻まれるのは当然のこと」。それは完成まで相当の日数を要する複雑なパズルを組み立てるように。誰の手も借りず、たった一人で思考や作業という名の小さなパーツを拾い集めて、喜ばれる一杯の完成を目指してはめ込んでいく。その日常を繰り返し、また繰り返す。「プロフェッショナルである前に、生業」。横山さんが呟いたその一言は、こちら側がいだく「なぜそこまで珈琲に対して孤高に生きられるのか」という疑問に対する、鮮やかな回答だった。

横山珈琲店
函館市宮前町5-9
☎0138-41-1225
㊋10:00～17:30頃
水・木曜休

砂糖を加えることで丸くなる苦味と際立つ風味。バリスタのエスプレッソで味わう句読点

OLD NEW CAFE（本町）

機能性と秀逸なデザインを両立させたマシン、そこから小さなカップに抽出されるちょっぴりだけどコーヒー豆の風味を極限まで凝縮させた液体、立ち上る強烈といっても過言じゃない香り。エスプレッソにまつわる要素の持つ『良さ』は、どうにも男子の心をくすぐる。

卑近な例で恐縮だが、筆者自身も心をくすぐられる一人であり、バールの片隅でクッとエスプレッソを飲み干す姿に憧れる。が、実際は、子供の頃母親に「グッと飲め」と言われて嫌々飲んだ、風邪の飲み薬的な風情でエスプレッソを飲む。だって、いくらなんでも苦すぎるじゃないか。

本町で15年超。日本にバリスタという言葉が入って来た頃には、すでにバリスタとして活躍していた『OLD NEW CAFE』の亀山尚之さんは言う。「イタリアでは砂糖をたっぷり入れるのがスタンダードな飲み方です。ただ甘くなるだけじゃなく、より香りを楽しめるようになりますよ」。小さなカップにスプーン2杯の砂糖。「ちょっと多くない？」と思うが、その砂糖が尖った苦味を包んでまろやかにし、圧力をかけて抽出するコーヒー豆の濃厚な香りを浮き彫りにする。甘さをプラスするのではなく香り

亀山尚之

亀山さんは、自家菜園で栽培した野菜をランチメニューに使うなど、今やコーヒーの枠を超え「食」を追求する。「体に入るもの全てに興味があります」と話す。

を際立たせる感じ。これは美味い。
　バリスタ亀山尚之の経歴は非常に興味深い。小学低学年にしてサイフォンでコーヒーを淹れるという、ませてるにも程がある幼少期を仙台で過ごし、10代から割烹料亭で修業。「いわゆる丁稚奉公でした。仕事内容も先輩後輩の関係も大変でしたが、料理の基礎と『目で盗む』という技術を身につけることができました」。和の道を突き進む亀山青年だったが、無類のコーヒー好きという幼少期からの嗜好は変わることはない。「本物のエスプレッソが飲みたくてイタリア旅行に行ったんです。その味は本当に強烈で忘れられませんでした」。この旅行が亀山青年にもたらしたものは、エスプレッソの強烈な風味と、それを淹れるバリスタの存在感だった。
「バリスタはコーヒーを淹れる技術だけではだめなんです。バールでのサービス、コーヒーに関する知識、それと一緒に楽しむ食の知識などなど、求められるモノは幅広い」。亀山さんは割烹料理人から栄養士となり、食品流通大手での商品開発担当など、食に関する様々な経験を積み、16年前にOLD NEW CAFEを開業。「味を覚えるのと、見て盗む能力は割烹料理人時代に養いました。結果的にこれが大きかったと思います。多くのバリスタが淹れる姿と、その味が店を開くベースになりました」。何が糧になるかなんて分からない。だからこそ私たちは今できることを精一杯やらなければならないのだ。
「強い風味を持つエスプレッソは、気分や味覚をリセットしてくれる効果があるんです。イタリア人は10時、ランチタイム、3時に飲むことが多い。エスプレッソで気分と味覚をリセットし、次の仕事につなげる。文章で言うと句読点みたいなものなんですよ」。一息で書く文章は読みにくい上に、文章のミ

スを見つけるのも難しい。人生も同じだ。適切な句読点や段落分けが行われていないそれは、ひどく散漫で理解されないものとなってしまう。

エスプレッソの際立った風味は、筆者もそうであったように「苦すぎる」と敬遠してしまうこともある。しかし、適切な飲み方さえ覚えれば、エスプレッソは私たちに適切な句読点をもたらしてくれる。そして、適切な飲み方を得るのは簡単だ。カフェのバリスタに「おすすめの飲み方は？」と聞くだけなのだから。

店奥にある焙煎機は北海道初の焙煎機である鈴木商店（現・美鈴珈琲）のものに次ぐ焙煎機で、昭和30（1955）年代製。「ネジがインチじゃなく『寸』なんですよね、修理は結構大変なんですよ」と話す顔は言葉とは裏腹に楽しそうだ。

OLD NEW CAFE
（オールドニューカフェ）

函館市本町32-6　☎0138-55-2005
㊎11:00〜20:00　月曜休

日々淡々と、まっすぐに。街中の林に隠れた小さな焙煎室にて

コーヒー焙煎室　ハンドピック（富岡町）

朝7時過ぎ。住宅街の中に木々がうっそうと生い茂る林の向こう側。小さな焙煎室の裸電球をパチンと灯し、中南米から中近東・アジア等で摘まれた生豆が詰まった袋を開け、その日煎る分の豆を取り出す。そして、その中から欠点豆を選り分ける作業＝ハンドピックから、彼の1日は始まる。

「こんなみすぼらしい場所で仕事してるところを雑誌に載せられたら、豆を注文してくれる人がいなくなっちゃうよ」と苦笑いしながらも、我々をこの場所に招いてくれたその人。米田昭彦さんは、20代の頃に函館の小さな喫茶店で飲んだ自家焙煎コーヒーに感銘を受けて、この道に入った。昭和52（1977）年、五稜郭町に開業した『フリースペース宇宙塵（うちゅうじん）』。自家焙煎コーヒーの旨さに定評のある店だった。「そこでは炭をおこして焙煎していたんですが、本当に美味しかった。ある時、焙煎作業をやらせてもらったら、これが面白くて。今度は豆をもらって自宅に持ち帰ってやってみたんです。銀杏煎りを買ってきて、コンロの火で試したんですが、ずっと振るってたら手が疲れてくる。なんとか振るわずに回して煎る方法はないかと考えて、手回しロースタ

米田昭彦

焙煎が趣味の域から仕事に移行したのは昭和61（1986）年頃から。末広町にあった雑貨店『エイジャ』で初めて店頭販売を開始。それを皮切りに、口コミで評判が広がる。

ーを調べて自作しました。たぶん、これが今自分がやってることのスタートですね」。焙煎に魅せられた青年は、平成3（1991）年に自らの作業場を『コーヒー焙煎室 ハンドピック』と名づけ、店舗や一般家庭に向けた販売業をスタートさせた。現在は奥さんが経営するカフェ『ドリップドロップ』（末広町）の他、道南圏のカフェやバー、料理店だけでなく神戸や佐渡島のカフェにまで行きわたる。

数多のうるさ型に愛される米田さんの焙煎豆は、どのようにして生まれるのか。作業場のすぐ横の庭先に鎮座する焙煎機。これもま

扱う豆はコロンビア、ブラジル、グァテマラ、メキシコ、ペルー、コスタリカ、エチオピア、タンザニア、ウガンダ等、多岐にわたる。またオーガニックコーヒーも早くから取り扱っている。「豆選びは自分の口に合うものが基準ですね」

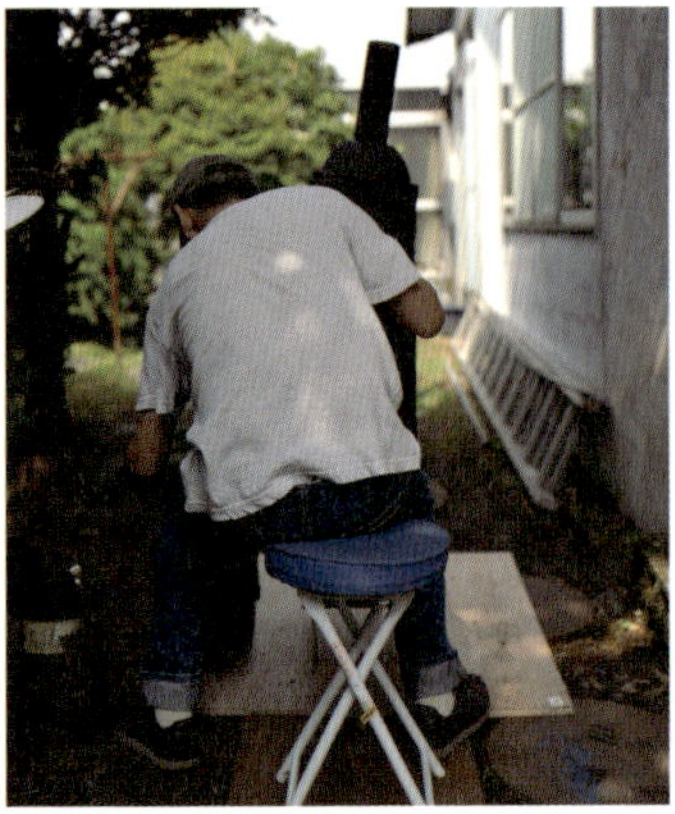

米田さんが自ら製作した木炭用の焙煎機。現在、作業は外で行っている。「僕のはだいたい深煎りなので煙が立つ。ご近所には結構気を遣っています」と苦笑い。

コーヒー焙煎室 Handpick（ハンドピック）
http://handpick.cafe.coocan.jp/
※cafe･豆販売

cafe DripDrop（ドリップドロップ）
函館市末広町4-19
函館市地域交流まちづくりセンター内
☎0138-22-9700（代）
㊒10:00〜18:00　水曜休

た米田さんの自作だ。大量の一斗缶を重ね合わせた三重構造の角柱式で、現在使っているのは三代目。形の整った炭をおこし、焙煎機の最下部にセット。上部のふたを開けて、豆が600gほど入る自作の手回しロースターをはめ込み、それを一定のリズムでまわし続ける。15分ほど経過すると、ロースターの中で炭の熱を受けながら転がり続ける豆がパチパチと音を立てる。ここからさらに集中力を高めて、焙煎機からたちのぼる煙、匂いを見ながら、音がパチパチから「プチプチ」に変わるタイミングを見計らって煎り止め。すぐさま豆をふるいに移して、扇風機2台を使って下と横から風をあてて一気に冷やす。

「音が変わるのは、もう水分が抜け切ったよという合図みたいなもの。毎回、この音が変わってから止めるまでの判断に神経を使いますね」。

その後、豆は焙煎前と同様にハンドピックで選り分けられる。ここで欠点豆を見逃せば、淹れた時に雑味やえぐみ等が出て、本来の味に大きな影を落とす。自らの仕事場の名に「ハンドピック」と掲げているだけに、その作業は慎重に慎重を重ねる。これについて米田さんは多くを語らない。きっと、そこまでするのは当たり前という認識で、特段強調することでもないのだろう。そのかわり、焙煎する際の「火」については思うところがあるようだ。

「焙煎は火を相手にしてるから、それを支配出来ないし、コントロールも出来ない分、難しい。だから毎日淡々と同じことをしているようで、実は火と向き合う時はそのつど違うことをしている感覚。これだけ長くやってても失敗するしね。そこが面白いのかな」

　同じようで、違う毎日。そう簡単には言うことをきかない豆と、一対一の真剣勝負。明日もこの小さな焙煎室で、それは静かに繰り広げられる。

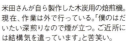

豊かな創造力と突き詰める論理的思考。両輪でたどり着いた到達点

夏井珈琲Brücke（五稜郭町）

「飲み会の雰囲気は好きなのに、お酒が飲めない」「野球が大好きなのに、球技がダメ」などなど、とかく人の趣味嗜好というのは需要と供給が噛み合わないことが多い。ここにもそんなミスマッチを抱えている人がいた。コーヒーの香り、淹れる工程、コーヒーと共に過ごす時間。コーヒーにまつわるあらゆることが好きなのに「コーヒーの味が苦手」。にもかかわらず彼は喫茶店のオーナーとなる。

嗜好に関して大いなる需給ギャップを抱えていた夏井博さんだが、昭和62（1987）年にそれまで勤めていたコーヒー豆の卸会社を退社して独立。杉並町に『夏井珈琲店』を開業する。どんな業種でもそうだが、開業と同時に大忙しになる訳もなく、当初は暇だったのだが、その時間こそが夏井さんの探究心を目覚めさせ、コーヒーへの愛情を深めることとなる。

「夏井は何事も探求する人でしたが、特にコーヒーへの探究心はすごかったです。焙煎方法、淹れ方、茶器、様々な要素を細かく変更してテイスティングする。コーヒーについて朝まで議論するなんていうこともよくありました」。夏井博さんの妻、早苗さんはそう振り返る。夏井さんはその探求の中で、ある

夏井 博

杉並町にあった初代店舗でコーヒーを淹れる夏井博さん。

結論を出す。「自分はコーヒーの味が嫌いなのではなく、焙煎後に酸化した豆の風味がだめなのだ」。香り、工程、時間、それら全てを与えてくれるコーヒーの「味」も好きになった夏井博さんは、その探求をさらに加速させていく。

独立開業し、早苗さんという伴侶も得た夏井さんは平成3(1991)年に現在の『夏井珈琲Brücke(ブリュッケ)』を開業させる。「この店に関しては私がわがままを言ったんです。ここは更地だったんですが、橋からこの場所を見るのが好きでした。それで、この店のスケッチを描いて、それをそのまま形にしてもらったんです」(早苗さん)。ゼロからイメージして何かを創りだす力、それを現実にする力。それらが噛み合ってBrücke(橋)という名のカフェが誕生する。

コーヒーについての探求を重ねた夏井さんは、コーヒーを淹れるという行為を感覚的なものではなく、体系立った「技術」として昇華させていた。「コーヒーに関して言うと、夏井はほとんどのことを論理的に説明できました。それは理屈っぽいというのではなく、客観的に見ることができたのだと思います」。コーヒーへの探究心が生み出した独自のロジック。夏井さんはそれを自分だけのものにせず、「コーヒークラブ」という淹れ方講座を主宰し、惜しげも無く多くの人にその技術を伝えた。そこで技術を得て独立開業した人は少なく見積もっても10人以上。全国様々な場所で夏井さんの技術は生きている。

　その後、夏井さんは杉並町の店を売却し、大沼湖畔に『シャルル・ド・ミル』をオープン。「夏の定休日には、夏井と二人でサンルームにロウソクを置き、お酒を飲みながらホタルの観賞をしました。忘れられない素敵な時間です」。だが、幸せな時間は永遠ではない。夏井さんは平成18（2006）年に肺ガンが見つかり、3年間の闘病の後に他界。55歳だった。

　コーヒーは嗜好品であり、それぞれの好みの味をそれぞれが楽しめばいい。それはひとつの答えであり、否定するつもりはない。しかし、コーヒーを淹れるという行為は「技術」であり、そうである以上、正解が存在する。夏井さんは独自のアプローチでその技術を突き詰めて体系化させ、それを開業希望者、個人、分け隔てることなく多くの人たちに伝えた。「より多くの場所で美味しいコーヒーを飲めるようになればいい」。夏井さんの掲げた目標は、彼の技術により今も広がり続けている。

現在コーヒーを担当する息子の夏井俊介さん。非常に繊細に一杯のコーヒーを淹れる。

「今は息子と二人三脚です」と笑顔で話す夏井早苗さん。フードメニューを作るほか、庭のバラを手入れするなど忙しい日々を送る。

夏井珈琲
Brücke（ブリュッケ）
函館市五稜郭町22-5
☎0138-52-3782
㊏10:30〜22:00
（土日祝11:00〜21:30）
水曜休

【函館珈琲物語】

昭和7年、焙煎珈琲上陸ス。「黒いお湯」から「珈琲」へ、函館美鈴の貢献。

珈琲伝来の黎明期から日本中に広まる普及期までの長い歴史の中、港町・箱館にかの黒い飲み物が登場するのは幕末あたり。その後1世紀弱の時を経て、この街に焙煎珈琲の文化が上陸する。立役者は『鈴木商店』、函館の珈琲史を語る上で欠かせない『美鈴珈琲』の前身だ。

鈴木商店・創業者は鈴木武一。市内で味噌や麹を扱う商店の次男に生まれ、店をはじめるまでは近衛師団を志願し、東京へ。同商店開業の鍵はこのとき東京生活で嗜んだいくつものカフェの珈琲にある。当時、煮出して、かつ、出がらしも飲むのが「珈琲なる飲み物」の概念であった北国の小さな街に、東京と同じ方法で、つまり、焙煎から丁寧なネルドリップによって仕上げた美味しい1杯を出したなら―。ここに機を見出したことが、のちの北海道最古参・老舗珈琲店のはじまりのはじまり。時は昭和7

北海道にはじめてやってきたドラム型焙煎機。数年前まで上湯川町本社前に置かれていたが、現在は函館美鈴・大門店の正面に展示されている。現存する昭和初期の焙煎機としては国内でも貴重な一台。

昭和7(1932)年、栄町で開業した鈴木商店。珈琲と共に洋食器を販売。

直営店第一号オープン当時。左のテーブル席に座るスーツの紳士が初代・鈴木武二氏。三代目社長・修平氏によれば、その人となりは「非常にハイカラな人だった。酒は一滴も飲みませんでしたが『俺はコーラを飲むからお前が酒を飲め』と大門の飲み歩きに付き合わされました（笑）」。

（1932）年、武二青年が23歳のときのこと。

当時、この街の珈琲シーンでは『豆は一度しか使わない』という常識でさえエキセントリック。儲けるための手段として懐疑的にとられるなど、現代にはない様々な苦労話があったよう。とはいえ、鈴木商店の珈琲は見事、軌道に乗る。そして、かの大火の年、昭和9（1934）年がやってくる。

街を呑み込んだ火はまだ開店2年の鈴木商店も、そして得意先も丸呑みに。このときは地方の行商に力を注ぎながら店の再建を果たすも、その後、第二次世界大戦が勃発。多くの食品が輸入禁止となり、珈琲豆も消えた。この長らく続く珈琲不遇の時代を鈴木商店がいかに乗り切ったか、それを知る資料は残っていないが、おそらく、件の時代を物語る代名詞「代用コーヒー」を武二氏も口にしたであろう。

現在、大門に構える『珈琲焙煎工房 函館美鈴』は直営店舗第一号。昭和21（1946）年、終戦の翌年に2階建ての華やかな姿でオープンした。ちなみに「美鈴」はこのとき公募によって市民につけられた名前。以来、広く浸透し一号店オープンから3年後の法人化の際、社名という冠の座を獲得するまでとなる。

その後の発展は目覚ましい。支店、製菓工場の開設が続き、昭和36（1961）年には東京に『美鈴コーヒー株式会社』を設立。ここでは二代目の澄男氏が現場の指揮をとり、函館で陣を構える初代と連携して事業を拡大させていく。

現在は三代目・鈴木修平氏が先代2人の築いた『函館美鈴』の名を引き継ぐ。先々代と先代をたった2年の間で立て続けに亡くし、代表に就任したのは34歳のとき。そのはじまりは唐突で孤独、波乱万丈のスタート。しかし就任当時の苦労は年刻みに発展を続ける会社沿革の流れに微塵も表れていない。珈琲豆の焙煎卸売、珈琲製品の製造を筆頭に、現在は道内外に23店舗のコーヒーショップを運営し、業務用食品の店舗も広く展開。その一方で、珈琲に関する公的な資格

Tea room
Misuzu

現在の美鈴商事株式会社を牽引する三代目・鈴木修平氏。

本社横に建つ工場の様子。大型の焙煎機はガス式と炭火式を装備し、珈琲によって使い分ける。

認定制度『全日本コーヒー検定委員会（J.C.Q.A）』（2003年制定）の制度設立のメンバーとして活躍し、現在も委員長を務める。また、近年は山崎製パン・ご当地ランチパックとのコラボ（現在は発売終了）や、地元の老舗企業とのコラボ商品にも積極的に取り組み、株式会社小原とタッグを組んだ「箱館カフェ・ド・ガラナ」も発売。

日頃、道内外を忙しく飛び回る修平氏だが、そのぶん、「函館」という言葉が持つ好感度の高さを各地で目の当たりにする機会は多いという。自身はとりわけ、自社に通じる「函館と珈琲」という二つの名詞が醸すセピアでロマンチックな風情が好き。「函館と珈琲」を深くつなげ創業84年を迎えた美鈴珈琲。その舞台がどれだけ拡大しようとも「はじまりは函館」、この言葉が私たちは嬉しい。

珈琲焙煎工房函館美鈴
函館市松風町7-1
☎0138-23-7676
㊢10:00〜19:00　無休

触れる

函館の海と大地の話

函館を含む道南一帯は、海と畑の街である。
街を三方から取り囲む海が、豊かな魚を育み
道南地方独特の気候が、多彩な野菜を育む。
そして、その背後にいるのは
毎日ひたむきに海と大地と格闘する人々だ。

道南のおいしい野菜

【そこそこぬくい・極端にしばれない】

北海道の中でも、渡島の気候は異質。
その異質さが恵みとなり、
多種多品目の野菜をすくすくと育みます。
そして「農」と向き合う様々な人達の存在。
野菜という生きものと日夜格闘する農家たちに
「美味しい野菜の話」を求めて、畑の街を巡ります。

道南トマト図鑑

チアちゃん

楕円形、チョコレート色が特徴のミニトマト。房なりで収量も多く、味もよい。

アイコ

果肉が厚くジューシーで群を抜くおいしさ。かんだ瞬間、甘味とコクが口に広がる。実つきもよい。

シシリアンルージュ

シシリア生まれの調理用トマト。ピンク系大玉とくらべてリコピン8倍、グルタミン酸3倍。

イエローアイコ

「アイコ」のイエロー版。肉厚でゼリーの少ないプラム形。フルーツのような甘さを持つ。

りんか

肉質がよく、コクのある大玉トマト。病気に強く、皮がしっかりしているため日持ちもよい。

オレンジキャロル

実つきがよく、家庭菜園でもつくりやすい品種。味のよい果実が鈴なりにつく。β-カロテン豊富。

トマトベリーガーデン

甘く、肉厚でハート型に近い形が特徴。トマト臭さの少ない食味。鉢やプランターでの栽培も可能。

ベネチアンサンセット

赤とグリーンのストライプ柄が特徴のミニトマト。若採りではシャキシャキした食感。

道南育ちの新顔野菜

縞むらさき

イタリア茄子の代表品種、紫に縦縞模様が入った茄子。形はふっくらとした長卵形で、緻密な肉質で食感も良く、焼き茄子、田楽、素揚げ、中華、オーブン料理と幅広いメニューに使える万能タイプ。

バナナピーマン

名前の由来は細長い形状がバナナに似ていることから。熟すにしたがって黄緑色からクリーム色、黄色、オレンジ色に、そして鮮やかな赤色が完熟のサイン。一般的なピーマンとして使うほか生食にも適している。

セルバチコ

『ワイルドルッコラ』との名も持つルッコラの原種。ピリッとした辛味と苦味、ゴマのような香りが特徴のハーブのひとつ。サラダのほか、パスタやピザなどイタリア料理で活躍する。

紫とうがらし

奈良県の伝統野菜で、同県全域で古くから自家菜園野菜として栽培されてきたポピュラーな唐辛子。紫色は加熱により薄黄緑色に変化する。辛味はほとんどなく、完熟すると真っ赤に色付き甘味が増す。

ステムレタス

中国原産、主に茎の部分を食べるレタス。茎の皮をむき薄切りにして生のまま食べるほか、炒め物、揚げ物、漬物にも利用できる。日本にある「山くらげ」はこれを細切りにし、乾燥させたもの。

ロマネスコ

イタリア原産と言われるカリフラワーの一種。花蕾が幾何学的に配置され個々の蕾が螺旋を描いて円錐形を成す。カリフラワー同様に茹でてサラダやパスタ、ピクルスなどに。味と共に歯ごたえも楽しい野菜。

丸ズッキーニ

店頭でよく見かける細長いタイプのほか、ひょうたん形や花形、UFO形など、バラエティに富んだ形状と、そして色彩をもつズッキーニ。写真は野球ボールほどのサイズの丸形。

白キュウリ

果皮、イボ共に白緑色のきゅうり。一般的なきゅうり同様に生で食べるほか、加熱調理にも向く。写真の品種は『ホワイティ』。

ツルムラサキ

熱帯アジア原産。カロチンなどを多く含み健康野菜としての認知度も高い。アク抜きをしてから、味噌汁やおひたし、和え物、天ぷらなどで食べるのが一般的。観賞用として花壇でも活躍するツル植物。

うずまきビーツ

その名が表す通り、果肉が白と赤紫の渦巻き状になったビーツ。酢漬けにしてオードブルの彩りなどに使われる。茹でる場合は赤紫の色素が抜けないよう皮をむかずにボイル。

フェンネル

地中海沿岸が原産とされるハーブ野菜。根や茎を食用とし、魚のにおい消しとしても重宝する。種を干したものを日本では『ウイキョウ』と呼び胃腸薬などに用いる。

スイスチャード

色鮮やかな葉軸が美しいスイスチャード。ヨーロッパやアメリカではサラダに用いることも多く、幼葉はベビーリーフとして使われることも。生食のほか、固い葉や柄の部分は炒め物やおひたしなどに。

アイスプラント

南アフリカ原産、多肉多汁組織を持つ吸塩植物。塩を隔離する塩嚢細胞が発達しているため、表皮にキラキラした水滴のような粒をまとう。ほのかな塩味とプチプチはじける食感が特徴。サラダでどうぞ。

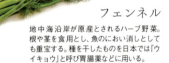

ビーツ

地中海沿岸地方原産。カブに似た球形または長円錐形で一見赤カブのように見えるが、ほうれん草と同じアカザ科の植物。代表的な料理はロシア料理の『ボルシチ』。ほか、煮込みや酢漬け、サラダにも使われる。

コリンキー

日本で生食用に改良されたかぼちゃ『コリンキー』。クセの無い味で皮ごと食べることができ、薄切りにしてサラダや浅漬けにするほか、天ぷらやフライ、ジャムなどにも使える。

ディル

地中海沿岸～西アジアに広く分布するハーブ。ヨーロッパでは薬草として民間療法に使われてきた歴史も長い。料理では魚のにおい消しに活躍し、魚介のマリネやスモークサーモンのレシピでもお馴染み。

スティッキオ

イタリア野菜として知られる『フィノッキオ』を日本人の口に合うよう改良したスティッキオ。バーニャカウダやサラダのほか、加熱すると甘味が増す特徴を生かして、天ぷらやフライにしても美味。

紫キャベツ

葉は一般的なキャベツより厚みがあり、巻きが硬く、しっかりと球形になるものが多い。紫色の色素成分は抗酸化作用が強いとされるアントシアニン。加熱で色が抜けるためザワークラウトなど生食がおすすめ。

にんじん三種

(白)ホワイト人参　(黄色)金美人参
(黒)ブラック人参
オレンジ色でお馴染みの人参だが、もともと、原産国アフガニスタンよりヨーロッパへ伝わったときには黒や黄色、紫など様々な色があったとか。それぞれ、味や甘さ、含有する栄養素などに特徴がある。

●取材協力
【さわやかファーム】
亀田郡七飯町本町8-15　3-205号
☎0138-64-8738
【ついき農園】
亀田郡七飯町字仁山425-1
☎0138-65-5249
【なかがみ農園】
上磯郡知内町字重内33-118
☎01392-5-5886
【ばんば屋】
函館市昭和3-25-36
☎0138-40-0831
【政田農園】
茅部郡森町字赤井川409-2
☎01374-5-2166
【あぐりへい屋】
北斗市東前62
☎0138-77-7779

【道南の野菜人】

奇才・技術屋・野菜名人・勉強家。数々の異名を持つ篤農家、松本久の創意あふれる農業人生。

「ハウスに小川をひいて、クレソンを自生させている野菜名人がいる」。本通の八百屋『すず辰』鈴木氏の言葉に驚いて、件の名人が営む七飯町『松本農園』へ向かった。出迎えてくれたのは同農園三代目の松本久さん。〝クレソンの小川〟は、それ自体の珍しさに加えて、夜にはホタルが現れるというからここでもまた驚かされる。

松本農園は道南の農家の中でもいち早く有機栽培にシフトしたパイオニア。有機ＪＡＳ認定の取得こそ平成21（２００９）年と最近だ

クレソンを好物にするカメムシ。手が空けば見廻り、発見するたび退治。カメムシの数を記憶するのも松本さんの日課。

松本農園三代目、松本久さん。氏の手が触れているのがクレソン。緑のじゅうたんの下には小川が流れている。流れる水は近くの井戸から引き上げ、他のハウスの水やりにも利用。

松本農園
亀田郡七飯町上藤城1-1
☎0138-65-3757

が、その実践は平成元（１９８９）年から。それも、有機栽培に自然農法を加えた独自路線を歩み、その個性は冒頭のクレソン然り、界隈で異彩を放つもの。自然の力を生かした農法である上に、自身が野菜の生育に好奇心を燃やしてしまう研究家肌であるため、良くも悪くも非効率である、という点が特徴の一つ。そのことを本人は「要するに、はんかくさいってことだ」と一言で表現してみせるが、料理人や青果業など、市内で野菜を扱う第一線のプロたちから「農家というより〝ものづくり〟の人」「野菜本来の味を引き出す名人」「安全で間違いのない野菜をつくる」など、一目も二目も置かれる篤農家としてその名が通っている。

全11棟あるハウスのうち、2棟はジャングル化、稼働しているハウスは現在9棟。中では主に夏野菜が育ち、合間や端にはハーブ類やアイスプラントの群生、ハウス間の露地にはこんにゃくイモも。クレソンのハウスだけは少し違って、百め柿、山椒、イチジクなどの果樹が茂りに茂り、その生態系の中に「この環境で実をつけてみたくて」と植えたオリーブの木が5本紛れている。

畑との付き合いは5、6歳の頃から。その体に、頭に、膨大なノウハウを蓄積し、その底無しの知識量を身近で知る長男・克久さんは「技術屋としては一流」と評したあと「でも、商売人としては三流だ」と苦笑する。

冬に氷で滑って手首を痛め、現在も怪我をした箇所に金具が入っているという松本さん。痛めた手首をさすりながら「歳だな」と寄る年波に笑う。幼少時から畑の魅力に憑りつかれ、そのまま農業一筋に75歳を迎えた。まだまだ畑でやりたいことは終わらない。植えて15年経つオリーブにも、いつか実をつけてやらなくては。

有機農業の先駆者が語ったのは「最新でもなんでもないよ。昔の方法に戻しただけ」という言葉。

「有機農業」という言葉がまだ浸透していない平成元（1989）年より、無農薬・無化学肥料による野菜の栽培をはじめ、平成13（2001）年に道南で最も早く有機JAS認証を取得した『ついき農園』。コープ農業大賞、北海道産業貢献賞などでもその野菜作りを称えられ、有機農業の草分け的存在として知られる一軒だ。

　約5haの敷地では、にんじんをはじめ、20種類ほどの野菜と米を栽培するほか、農園の野菜を食べさせ平飼いで育てる鶏たちの有精卵も生産する。

　同園四代目の築城夫妻が有機農業へ転換したきっかけは、当時まだ小さかった築城家の子どもたちに安全なものを食べさせたい、という思いから。「変わったことをやろうとしたのではなくて、普通の農業に戻したという感覚です。子どもの存在をきっかけに農薬を使わない方法に遡ろうと考えました」

　はじまりはハウス1棟、葉物野菜。すると、札幌の出荷先に喜ばれ、徐々にその規模が広がっていった。だが当時喜んだのは札幌圏の一部

「ついきさんと言えば“にんじん”」と言われる看板野菜は何も加えずとも甘いジュースが出来ると評判。

の人々だけ。道南での築城夫妻は〝変り者〟であるだけだった。遠巻きに見られ、また、どんなに美味しくても虫が食べて穴の開いた野菜は市場に出しても半値以下。まさに孤立無援の状況に経済的にも苦しい時期があったという。自信を失いかけると、札幌まで足を運び当時設立に関わった北海道有機農業協同組合のメンバーや、出荷先である札幌のポラン広場（有機取扱専門店）の〝味方たち〟に会って、気概と矜持を取り戻すというサイクルを何度も繰り返したという。

築城夫妻を見るまわりの目が変化したのは、有機ＪＡＳ認証を取得した頃から。その後、世の中に「有機栽培」の言葉が浸透し、夫妻の野菜を「美味しい」と支持する多くの声がこの道南にも広がっていった。

有機農業の大変さについて聞くと、夫妻共に「伸び伸びさせれば元気に育つ」と朗らかに笑い飛ばす。密植させずに風通しを良くして、虫にも神経を尖らせず、よく土に触れること。「昔の人は『良く見て回れ』と言いました。シンプルな言葉ですが、これは自然の声を聞きとって変化を敏感に感じろということ。有機農業の極意はまさにその一言に集約されていると思います」

ついき農園
亀田郡七飯町字仁山425-1
☎0138-65-5249
㊐9:00〜16:00(7月〜11月)

農園の野菜、卵は園内直売所でも販売。直売所2階には農園の野菜を使った料理を提供する『カフェにわとり小屋』も営業中(詳細はお問合せを)。

ついき農園四代目、築城正行さんと奥さんの美子さん。

函館の海

そこがたとえ街の中心だとしても
カモメがふらりと遊びにくる街。
そこがたとえ海から離れた場所でも
風に含んだ潮の香りを感じる街。
いつだって、函館の暮らしのそばには海がある。
それがどれだけ幸せで、豊かなものか。
海と密接に関わり合いながら、
ここで生きる人たちを通して見つけた
【海とともに暮らすこと】

函館の海は、こんなにも美しい

【水中カメラマン 佐藤長明が撮った海の世界】

撮影地／函館市南茅部沖

春

春は水温の上昇とともに、冬に育まれた生命が一気に躍動する。海のフィールドが稚魚たちであふれる春は、一年のうちで最も生命の密度が濃くなる季節。

1.水面直下に広がる景観は、水面に反射し万華鏡を思わせる美しさとなる。 2.ホテイウオ（ゴッコ）の稚魚。個体ごとに色や模様が微妙に異なる。 3.威嚇のポーズを取る体長5ミリほどのミズダコの幼生。心なしか目つきも鋭い。 4.孵化するホテイウオ（ゴッコ）の稚魚。水温5度で50日間親に守られた後に誕生する。 5.フサカジカの稚魚。水面付近を泳ぐ姿は、まるで空を飛んでいるかのよう。

5

夏

対馬暖流が差し込み、
水温はお盆時期から
年間で最も高くなる。
春に生まれた稚魚たちは、
食物連鎖の中で数を
減らしながらも、
少しずつ成長を遂げていく。

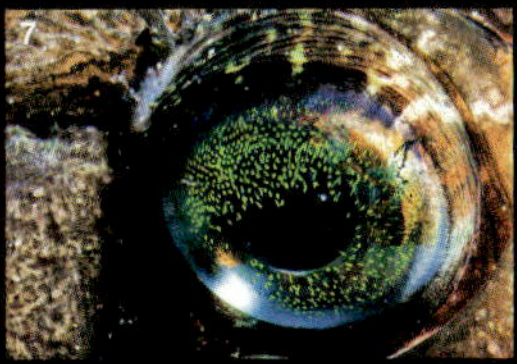

1.海藻が生い茂る海中林を好むウミタナゴの群れ。 **2.**ホタテの稚貝は、足糸(そくし)と呼ばれるもので海藻の表面に付着して暮らす。 **3.**ヤリイカの幼生。生まれた時から多くの色素胞を持ち、美しく輝く。 **4.**臼尻沿岸の8月は、座布団ほどのサイズのマンボウが岸近くまでやってくる。 **5.**ヒトデの体表。大きく写すとまるで金平糖のような形状のつぶつぶが並んでいる。 **6.**海水浴場では嫌われるクラゲも、ダイバーには格好の被写体となる。**7.**ヨコスジカジカの眼。数種類のカジカの仲間は、眼の奥に美しい模様を持っている。

秋

海藻類が枯れていく季節だが、
来年に向けて芽生えはじめる種もちらほら。
昼夜の寒暖の差が大きくなり、
山が色づきはじめるころ、
海の中ではアイナメ類が繁殖をはじめる。

1.シワイカナゴの群れ。豊かな藻場が広がる臼尻沿岸は、藻場を好む生物の楽園。 **2.**繁殖期を迎えて黄金色になるアイナメ(アブラコ)。 **3.**多彩な色のアイナメ(アブラコ)の卵塊。卵を守る親が釣り上げられると一晩で全て消滅してしまう。 **4.**アカバの新芽。海の秋は芽生えの季節、多くの海藻類の新芽が見られる。 **5.**フサカジカは自分の体色に合わせた海藻の近くに生息する。

冬

ゴッコは産卵のために深場から浅場へ移動し、
カジカは岩に無数の卵を生み付ける。
寒々しい色が広がる陸上と対照的に、
海の中では生き物たちが
繁殖期のピークを迎え、カラフルに彩られる。

1

2
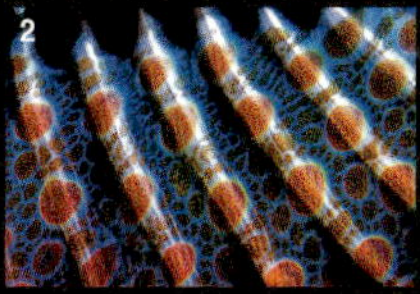

3

4

1.びっしり茂るスジメの若葉。見る角度によって怪しい色をたたえる。 **2.**婚姻色に身を包んだオニカジカの尻ビレ。エッグスポット(卵模様)と呼ばれる独特の模様。 **3.**甘エビとして親しまれるホッコクアカエビの眼。まるでミラーボールの様な彩り。 **4.**卵を守るオスのホテイウオ(ゴッコ)。岩場に産み付けた卵はオスが50日ほど保護する。 **5.**ホテイウオ(ゴッコ)は普段は水深200メートルほどに生息するが、繁殖期に浅場へやってくる。

5

佐藤長明(さとうながあき)

宮城県生まれ。23歳でスキューバダイビングと出会い、南三陸沿岸に生息する希少種の発見をきっかけに生物調査にも取り組むが、東日本大震災で被災。その後、函館市臼尻に拠点を移し、ダイビングショップを開業。スキューバダイビングのアテンド、自身の作品撮影、調査研究のサポートなどを行い、海洋生物に厳しさと豊かさを運ぶ『親潮(寒流)』の魅力を発信し続ける。

グラントスカルピン
函館市高松町
534-10-101(事務所)
☎0138-57-0123
http://www.gruntsculpin.com

【函館の海人】

海は宝、海は命。網元という仕事。

取材日となった7月の終わり。旧椴法華村・元村町の漁師達に昆布漁解禁の通達がなされた。朝5時前。もやのかかった薄暗い漁港から一斉に人と船が動き出す。300年以上繰り返される光景は、この漁師町に本格的な夏が訪れたことを知らせる。

このエリア一帯を含む南茅部地区の漁業のはじまりは17世紀末。能登半島出身の漁業経営者・飯田屋与五左衛門が旧尾札部村に移住。海岸に押し寄せる魚群を見て、アイヌの人々を指導して漁業を振興し、漁師町としての基礎が築かれていった。そして1839（天保10）年、飯田屋三代目与五左衛門と小川屋幸吉が、岩手県から網大工を招いて大謀網を建てた。大謀網とは、この頃すでに本州では確立されていた定置網漁法の規模を大きくしたもの。幾度となく失敗を重ねたのちに、二人はマグロの漁獲に成功する。これが大謀網発祥の地・南茅部のルーツだ。

この町でおよそ100年にわたって大謀網の網元として漁師町の基幹を担ってきた『ツガイナカ中村漁場』。現在は三代目・中村陸三さんと23名の従業員が沖と陸に分かれて、毎日汗を流している。網元とは、簡潔にいえば網漁業の個人経営者。中村漁場も会社組織ではなく、あくまで個人。網元制度は江戸時代以降に広まったもので、大規模な地引網漁業、または定置網漁業を操業する際には数十人の働き手が必要となるため、資金を有する網の所有者（網元）が地元の漁師（網子）たちと雇用関係を結び、運営するものだ。

道南の定置網漁において随一の水揚げ量を誇る中村漁場。その三代目の中村陸三さん、実は30歳まで漁とは無縁の人生だった。東京の大学を卒業後、25歳の時に太平洋石油に入社。この先、自分が漁場の仕事をするなど一度も考えずに過ごしていたという。ところが。「30歳になったある日、いきなり親父から『おまえ、明日から海に行け』と言われた。この世界の習わしで、親父の言うことはすべてであり、絶対。そこで初めて、親父が自分を後継者として考えていることがわかりました。最初は気を遣われていたのか、陸で会計の仕事をやらされたんですが、僕はすぐ船に乗って沖に出ました。まわりは若い頃から漁に打ち込んできた大先輩ばかり。それでも物怖じしないで突っ込んで仕事できたのは、きっと漁場のことを何にも知らないから、それが逆に良かったのかもしれないね」。

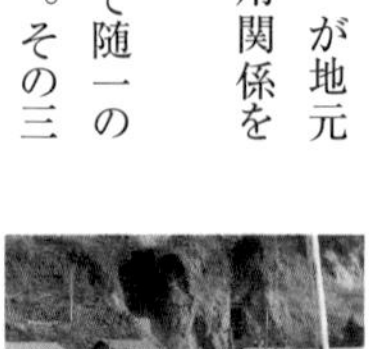

昭和20～30年代のものと思われる、当時の中村漁場の水揚げの風景。多い時で60人から70人もの網子を抱えていた。

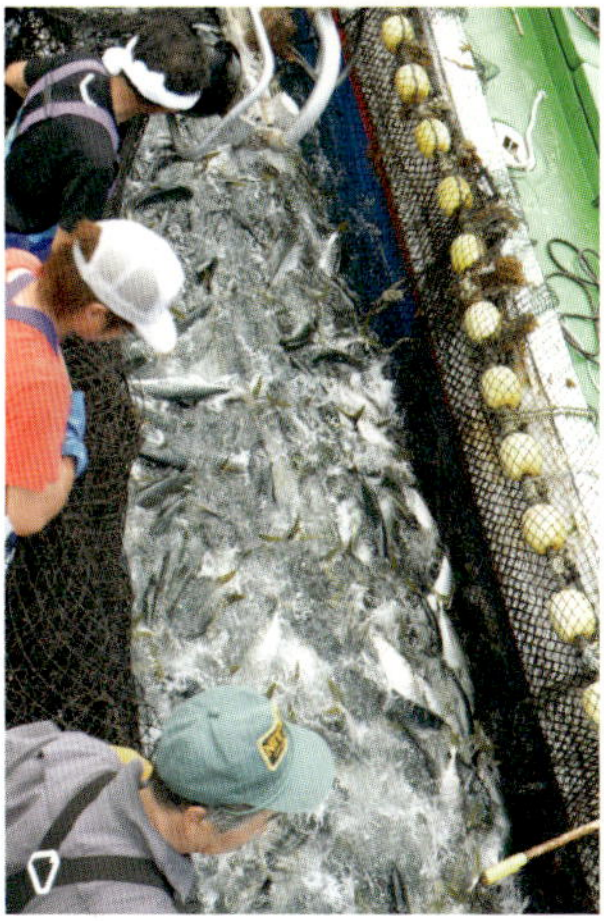

（右）漁師の安定収入確保が一番の課題と語る中村さん。「若い漁師が家を建てたと聞くと嬉しいよね」。（下）3年やれば体つきも顔つきも変わる、と言われる中村漁場の沖合前線の仕事場。この日は小ぶりながら身の引き締まったブリが7タンク分水揚げされた。

「僕は普段、従業員の動きだけを見てるんです。小さな町だから、距離も近いし、個人のいろんなものが見えてくる。態度とか人間性とかね。でも僕が見てるのは働き者か、そうじゃないかの一点。だから出来るだけ平等に物事を見ることを心がけてます」

それから40年が経ち、70歳を超えた今。時代が大きく移り変わっても、漁の町に綿々と受け継がれる網元という立場。その役割をどのように考えているのだろう。

「たしかに大昔は大謀（定置網）の親方って言えば、町では一目置かれる存在だった。実力者という見方もあったと思う。でも今は違う。僕も会社の経営者さんと考えることは一緒で、漁をしながら従業員を守ることと、町に利益を出すことが何より大事。網元だからといって〝束ねる〟とか〝管理する〟という意識はないんです。僕の仕事にとって一番大きく厄介な相手になるのは、自分にはどうすることもできない〝自然〟というもの。明日はどう転ぶかわからない世界です。だからせめて、自分が陸で出来ることはきっちりしておきたい。それは、沖と陸で働く彼らを守ることですね」

中村漁場は、その資産のすべてを漁業組合に担保として入れている。そのつど借り入れがなくなっても、担保を抜かないのが中村さんのやり方だ。「万が一、うちがダメになっても組合は漁師をつぶさないからね。それで従業員が守られるならそれでいい。僕はお魚が大好きだけど、従業員も同じくらい大好きだからさ」

未来の漁場を担う人
漁を陰で支える人

三代目の息子である副代表の中村忠相（ただすけ）さんは37歳。働き手の若返りが進む中村漁場の現場の中心で陣頭指揮をとる。

「そもそも父は古い体質や考え方を嫌う人で、漁の先を見据える人。だから僕はさらにその先を考えなきゃいけないと思っています。僕が率先して今までやらなかったことをしていかなきゃという意識は強いです」。一般家庭における魚離れが進む中、改めて漁師町で獲れた旨い魚をアピールするため、マグロやブリを活け締めにする「華まぐろ」「華ぶり」を売り出している。「現場はかなり若くなりました。活気もある。しかもただ若いだけじゃない。とにかく黙々と仕事に打ち込む20代の子も何人かいる。やんちゃだった昔の俺らとは全然違いますね(笑)」

中村漁場が拠点を置く旧椴法華の北と南、いわゆる下海岸沿岸一帯には漁師だけでなく、造船、船具、漁網から水中眼鏡に至るまで、漁を支える様々な職人たちが暮らしている。

旧戸井町の浜町で、船の帆や船外機カバーなどを作り続ける小さな工場『ちば そーいんぐ』。代表の千葉政人さんは「主な仕事は〝無いもの〟を作ることです」と笑う。ここで受注製造するもののほとんどがフルオーダーメイド。地元の漁師たちから「こんなものは作れないべか?」と相談を受けて、ゼロから作り上げる。例えば、昆布漁で船から身を乗り出す際にへりで胸部を痛めないようにするためのクッションカバーや、水浸しのつなぎのまま車に乗ってもシートが濡れないようにするための軽トラック用座席カバー等。北海道でもこのような資材をオーダーメイドできる職人は希少で、遠くは稚内や羅臼の漁師から依頼が寄せられる。「嬉しいのはね、〝あんたのとこで作ったものは一回使ったらやめられなくなる〟って言われること(笑)。やり甲斐のある仕事ですよ」

中村陸三さんは「浜の暮らしというのはどういうものか。一度、朝日が昇る前の沿岸部を見てまわるとわかるよ」と語る。

「夏でも冬でも、まだ暗いうちからおじいちゃんやおばあちゃんが岸からじっと海を見ている姿がある。今日は昆布がとれるかな、波や潮の塩梅はどうかな。きっと、いろいろなことに思いを馳せていると思うんだ。でも一つ確かに言えるのは、全員にとって海が命だということ。だから起きたらまず海を見る。それが我々の暮らしなんです」

(上)中村漁場・副代表の中村忠相さん。(下)テントやバッグ等、漁業資材以外にも注文があれば即座に対応するという千葉さん。

中村漁場では、地元の人間しか雇わないのが鉄則。もちろん船頭も地元から雇用する。このルールには様々な意見があるが、これも中村さんなりの地域還元なのだ。

漁場で獲れた魚は即座に市場に運ばれ、入札を経て販売される。その仲介に入っているのがJFえさん椴法華支所の市場課長・浜辺真人さん。「椴法華の海は規模が小さいわりに、いろんな魚が獲れる恵まれた漁場。地場の魚の美味しさをもっと広めたいですね」

出会う

函館の愛すべき人々

一筋縄ではくくれないスケールの生き方。
不器用だけど、誰にも真似できない生き方。
大きな偉業を成し遂げたわけではない。
でも、その魅力的な生き様に耳を傾けたくなる。
函館の愛すべき人々に会いにいく。

【函館人列伝】

レンズ越しに綴られる函館昭和史。街の生きた風景を残し続けた〝記録写真家〟。

金丸大作　元・青函連絡船　無線通信士／写真家

新聞記者だった父と兄 いつもそこに カメラがあった

「兄からね、〝いつ何時でもシャッターを切れるようにしておくのがカメラマンの基本だよ〟と言われてから、今までカメラを片時も肌身から離したことはないんです。手が届くところに無いと、もう落ち着かなくてね」

愛機・NIKON F3を触りながら、そう言って微笑む白髪の紳士・金丸大作さん。90歳を迎えた現役のアマチュアカメラマンだ。ただし彼の場合、この〝アマチュア〟という表現が正しいかどうか、正直なところ判断に窮する。初めて自らのカメラを持ち始めた昭和23（1948）年から現在に至るまで。好きが高じるどころか、趣味の枠さえも大きく超えた「記録写真家」

外で散髪。昭和の街角にあった日常的風景。昭和30年頃・船見町にて。

として残した作品の価値は、あまりに大きい。その足跡を辿ってみる。

●

大正13(1924)年、群馬県館林市生まれ。6人兄弟の末っ子で、父は地元の新聞社・上毛新聞社の記者として活躍した。つまり、金丸さんが幼少の頃にはすでにカメラが手に届くところにある生活環境だった。そんな父の影響をストレートに受けた長兄は朝日新聞社に就職し、記者になった。冒頭のアドバイスは、その長兄から若かりし頃の金丸さんに向けられた言葉だ。第二次大戦下の昭和19(1944)年、官立無線電信講習所(現・電気通信大)を卒業後、国鉄に入社。業務は、青函連絡船の無線通信士。前途洋々だった。しかし翌年、戦場への召集令状が届く。

「満州に行きました。そこで野戦15連隊という部隊の通信兵として2ヶ月過ごしたんですが、この2ヶ月は本当に忘れられない。1月から2月の満州ですから、本当に寒くてね。ある時、狼が生息する山奥に連れていかれましてね。僕ら少年兵は短剣しか持たされない中で巻狩(まきがり。多人数で獲物を四方から取り囲み武器で射止める狩猟法)をさせられました。鮮明に覚えてますね」

終戦から3年後の昭和23(1948)年。地道に貯めた稼ぎを握りしめて、仕事で立ち寄った東京・銀座の小さなカメラ屋へ行った。幼い頃から欲しかった自分のカメラを購入する時がようやく来た。

「買ったのは小西六(旧コニカ。現在のコニカミノルタ)のセミパールというカメラ。当時でたしか6300円くらいだったかな。当時の僕の1ヶ月の給料分はかるく吹っ飛びましたね」。それからは毎日仕事の合間に、連絡船の雄壮な船体や船員の姿、乗船客でごった返す船内などを撮るようになり、写真の魅力に取り憑かれていく。

そんな最中に起きた、昭和29(1954)年9月の「洞爺丸台風」。台風15号により連絡船4隻が横倒し座礁。犠牲者1430人を出し「タイタニック号に次ぐ海の悲劇」として世界的に知られる大惨事だ。この時、金丸さんは国鉄から事故の記録撮影を命じられた。巨大な船底を露わにした洞爺丸、ただ呆然と海を眺める遺族の姿などを1ヶ月間にわたって現場の壮絶な光景をカメラに収めた。「仲間が大勢亡くなった。仕事とはいえ、申し訳ない気持ちでシャッターを切ったのを今でも覚えています」。金丸さんはこの忘れ難い経験を経て、ただ撮るだけではない「記録として残すこと」「写真で後世に語り継ぐこと」の重要性を知る。

真冬でも行商のお母さん達は笑顔。昭和32(1957)年頃・旧朝市食堂街にて。

（右）金魚売りの風景。昭和40年代・宝来町にて。（下右）ヤギと少年。昭和32（1957）年頃。（下左）北洋サケマス漁業、最盛期の頃。独航船が集結した様子。昭和30年代・西浜岸壁にて。

その後も精力的に街に出て、「生きた街の風景」をカメラに収め続けた。昭和30年代から40年代の函館は、被写体として最高の街だったと語る金丸さん。2009年に出版した写真集『函館物語』では、その時代に生活していた人々の「暮らしの香り」をとらえた作品が数多く発表された。まるでその写真1枚1枚から、街の雑踏の音や会話や笑い声が聞こえてくるようだ。たしかに存在した、あの頃の函館の輝ける日常。金丸さんの写真は、そんな風景が街中に溢れていたことを、さりげなく教えてくれる。

●

「いま、自分のまわりに存在するものとか人、風景を写真に残しておくことが何より大事だと思うんですよね。最近は技術が発達して写真好き、カメラ好きの若い人たちも増えたでしょう。いま見えるものを撮り続けてほしい。そして残してほしい」

大門広小路(現在のグリーンプラザ)。小さな屋台がたち並ぶ。昭和33(1958)年頃・松風町にて。

雪の中の出前。真剣な眼差し。昭和44(1969)年頃・松川町にて。

大門・菊水小路の夕刻。年代不明・松風町にて。

函館ドック（現・函館どつく）の進水式。年代不明・弁天町にて。

青函トンネル開業に伴い廃止となった青函連絡船、最後の日。昭和63（1988）年3月13日、旧函館第二岸壁にて。

金丸大作

群馬県館林市生まれ。昭和19（1944）年に国鉄に入社後、39年間にわたって青函連絡船の無線通信士として津軽海峡を往復。職務のかたわら、カメラを趣味として連絡船や街の暮らしの風景などを撮り続ける。昭和52（1977）年に函館写真協会会長に就任。昭和59（1984）年に『写真集・青函連絡船』（朝日イブニングニュース社刊）、平成21（2009）年に『函館物語 昭和の函館から』（五稜出版社刊）等の写真集を出版。いまも愛機NIKON F3を首から下げて街に出る現役のカメラマン。

どこまでも高く、どこまでも遠くへ。「たこ先生」の創作人生。

梅谷利治 函館東高校 元・美術教師

「たこ先生って、この辺に住んでるの?」

昼夜問わずせわしなく車が行き交う産業道路から繋がる脇道を、しばらく上った先にある閑静な住宅街。取材場所となった梅谷さんの自宅があるこの界隈は、初めて足を踏み入れるには住宅地図か、スマートフォンの地図アプリがなければ、目的地となる家を見つけるまでやや困難を強いられる入り組んだ宅地。案の定、筆者は目的地を探し求めてしばし迷子になった。

すると、年の頃なら60代だろうか。一人の女性が雪かきをしているのが目に入ったので尋ねてみた。「この辺りに梅谷さんという方のお宅があるのをご存じありませんか? 凧作りの名人でちょっとした有名な方なんですけど」。女性は少し驚いた顔をしながら、一拍置いて「梅谷さんって……梅谷先生かい? たこ先生の。あの方この辺に住んでるの?」と逆に質問されてしまった。

「住所だとこの辺のはずなんです。梅谷さんをご存じなんですか?」

「知ってるも何も、うちの長男坊が東高出身だからお世話になったんだわ。わぁ懐かしいな、梅谷先生」

女性は、住所が書かれたメモを見ながら、周辺までの道順を丁寧に教えてくれた。そして「梅谷先生に会ったらよろしく伝えといてね。息子にも教えなきゃ」と笑顔で筆者を送り出してくれた。この女性の名前を聞くのをすっかり忘れてしまったが。

そんな不思議な縁のたぐり寄せで見つかった梅谷さんの自宅。1階には駐車場を改装した工房のような空間があり、シャッターの上に「凧治(たこはる)工房」の看板が見える。噂に聞く、ここが名人の創作現場なのだろう。

玄関で上品な赤いニットを着た梅谷さんの奥様・歌代子さんに出迎えられ、居間に通されると、ソファに座って待っていた伝説の創作凧師。噂に違わぬ大柄な体。トレードマークのバンダナも健在だ。挨拶したのち、さっそく10分前に起きた出来事を伝えた。すると、それまでやや表情が硬かった彼の顔が一瞬で緩んだ。

「僕の人生はいつもそう。いろんな

昭和51(1976)年の正月。立体の頭部と円形100枚連の胴体をもつ龍凧、通称「北海ドラゴン」を制作。梅谷さん自身が「生涯の最高傑作」と語る龍凧の原点。この写真は当時の地元新聞に大きく掲載された。梅谷さんはこの時「オレのせいでずいぶん苦労かけたけど、そんな妻に対しての最大の贈り物が出来たような気がする。鼻の下が長いと言われても仕方あるまい」とコメント。

龍凧「天龍　あ　二世」。口を閉じた「うん　二世」とともに梅谷さんが生涯の最高傑作と断言する作品。空中に舞うと、100枚連の体を威勢よくくねらせる。

縁が僕と何かを結びつけてくれる。嬉しい話だなぁ。ありがとう」

空にあこがれて空を翔けたい

梅谷さんは昭和4（1929）年生まれ。小学生の頃は、暇さえあれば凧を持って出掛けて、空と海を見ながら夕日が沈むまで一人で過ごした。

「凧揚げが好きというより、空が好きな子供だったかな。いつも空ばっかりみていた。今もずいぶんとおかしな男だけど、たぶん子供の頃から変な子供でしたよ。空を見てボーとしてるとね、そのうち母さんが『利治ご飯だよー』と呼びに来てくれる。だから子供の頃を思い出すといつも頭に浮かぶのはその風景だね」

そんな幼少時代を経て中学校に進学。時は太平洋戦争真っただ中。空にあこがれる少年は、愛国心とは別に「大空を翔けたい」という純朴過ぎる一心で、青森の八戸航空隊に特別幹部候補生として志願入隊。16歳だった。しかし入隊して間もなく終戦を迎える。「凧師にとって、空というのは本来ハレの舞台なんだけど、航空隊の多くの先輩達はその空で命を散らした。だから空を見ると複雑な気持ちにもなるし、85歳まで生きて来られたことに感謝してます」

終戦後、現在の道教育大函館分校に入学。美術を専攻し、卒業後も大学に籍を置きながら、複数の高校で非常勤講師を務めた。そんな生活が30歳まで続いたが、やがて転機が訪れた。現在の妻・歌代子さんとの出会いだ。

「妻に出会ってすぐ好きになって、同居を始めた。でもある日〝別れましょう〟と言われたんです。理由を訊くと、母親から〝ちゃんとした教職にも就かないでフラフラしている男なんて、この先見込みがない〟

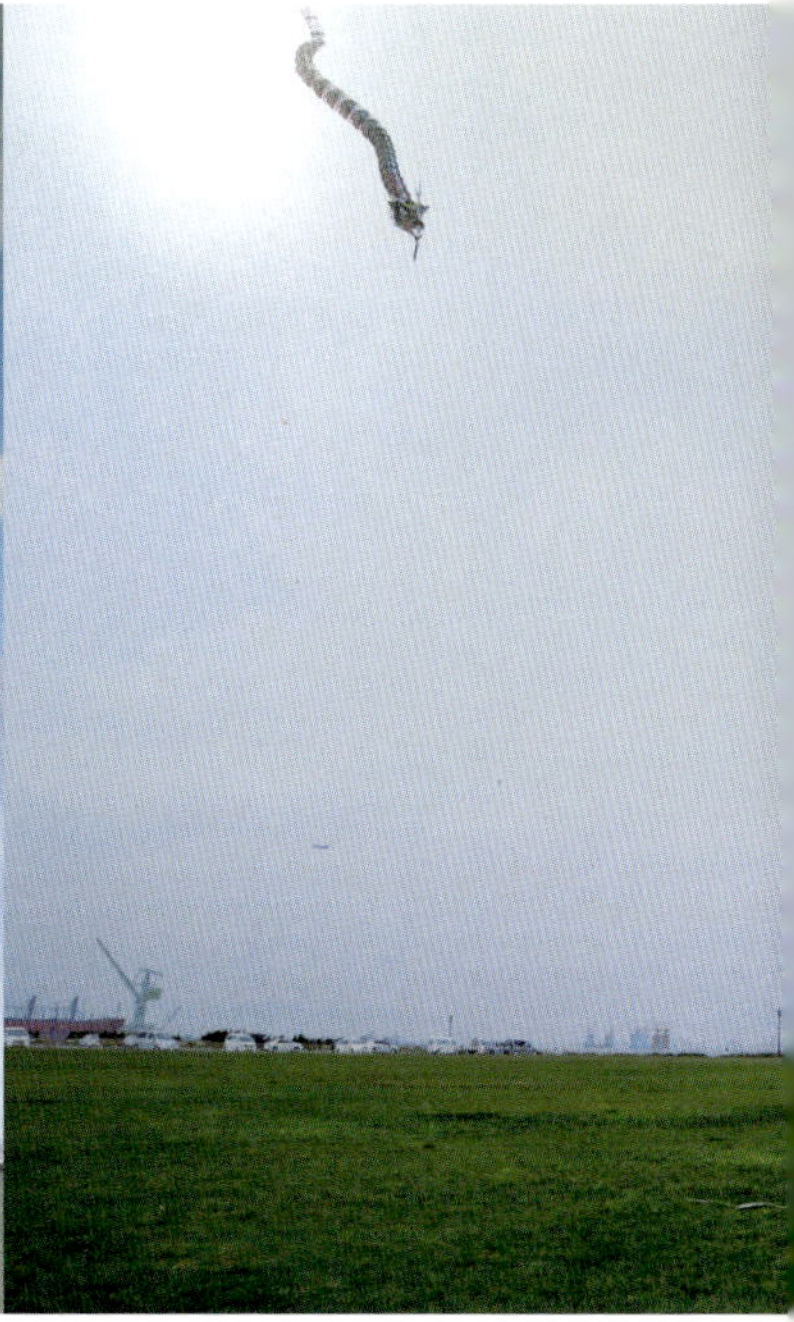

梅谷さんのライフワークといえば、干支の創作凧が有名。毎年正月になると、梅谷さんが数ヶ月かけて作った干支モチーフの新作凧を、かつての教え子や一般参加者とともに揚げる。干支の創作凧は昭和51（1976）年からスタートし、これまで十二支3巡・全38作品を制作した。

と言われたと。それまでは型にはまることが大嫌いで、本気で教職と向き合う気もなかったんだけど、その言葉はグサッときたな」。

　これがきっかけで函館東高校の採用試験を受けて、正式な美術教師となった。その後29年間にわたって続いてゆく、アウトロー教師・梅谷さんと東高校の生徒達を紡ぐ「創作凧の物語」はここから始まる。

凧の定説を覆した梅谷理論

　正式に教員になったとはいえ、その性分が変わることはなかった。既存のものをなぞったり、型にはまったことを教えることは「つまらない」。見たままのものを美しく描くことも「つまらない」。梅谷さんにとっての美術の価値観は一つではなく、表層的に美しいとされるものに心を動かされることはない。大事なのは「他には存在しないものを描き、作ること」。その工程こそが美しく、楽しく、人生において価値のある物と考える。それを生徒達と共有しながら伝えたいと考えた時に、たどり着いたのが子供の頃に夕日に染まる空に向かって飛ばした凧だ。

　39歳になった昭和42（1967）年のある日。授業中に「オレは世界中にないものを空に飛ばしたい。だからおまえたちも、今まで誰もやらなかったものを描いて一緒に空に飛ばさないか？」と初めて生徒の前で思いの丈を口にした。「そのときにね、女生徒から〝先生ステキ！〟と言われて、すっかりその気になっちゃった（笑）。それがオレのたこ人生のはじまりだね」

　こうして東高独自の新たな美術の単元「創作凧づくり」が生まれた。しかし生徒に教える前に、まずは自分が見本を示さなければいけない。39歳から40歳の1年間は、ひたすら一人で凧作りと研究に没頭した。ベースとして作ったのは既存の四角形ではなく、北海道の地形を模した菱形の、通称「北海だこ」。しかしこれがなかなか空を舞わず、土煙をあげながら校庭を引きずるばかり。そのうち、引きずられた損傷で凧の外枠の骨が折れて、壊れた。すると思いがけないことが起きる。外枠がなくなり横骨と縦骨だけになった凧は見事に空中を舞ったのだ。それは風を受けて飛んでいるのではなく、風を逃がしながら大空を舞う……これまでの常識を覆すような凧の姿。のちに全国の凧師、そして海外からも「アメイジング」と評された【風を逃がして飛ばす】梅谷理論の凧、誕生の瞬間だ。

やがて本格的に始まった創作凧作りの授業。グループ制作での立体凧では奇想天外な傑作が次々と生まれた。ヨット型、月見だんご型、ギター型、夜光塗料を塗ったガイ骨型、大三元の役満を配した麻雀牌型……いずれも全長2メートルを超える大型の立体凧だ。通常の美術の授業では開花しなかった生徒達の創作センスが美しく咲き乱れる。「生徒達はとにかく感性が突き抜けてるし、狂ってる。だからこっちももっと狂わなきゃ、やつらに追いつけないって本気で焦ったね（笑）。こうやって何十年も生徒達と一緒に凧作りをしてわかったことは、どんな子だって素晴らしいモノを持っているってこと。それは絵の才能だけじゃなく、制作工程における協調性やコミュニケーション能力だってそう。そういうものを見つけてあげて、伝えてあげることが教師の一番の使命なんだよ」

体を取り戻して最後にもう一度だけ

「最近は病院に通う日々で、凧を作れる体ではないんです」と語る梅谷さんは、2013年正月の干支凧の制作を最後に、現在は創作活動を休養中。次にいつ新しい凧を完成させて飛ばせるかも正直わからない、と口にする。が、その一方で、体を取り戻して絶対にもう一回だけ凧を揚げなければならない理由があるという。

「ローマの企画展開催のきっかけを作ってくれた教え子の小寺真知子さん。親交のあったフィリップ・グロード神父（元 函館元町カトリック教会主任司祭）。はこだて日本の凧の会事務局長の秋山修世さん。僕はこの3人が亡くなった時、体調が思わしくなく、体が動かなくてお葬式やお別れの会に出られなかった。だから「ありがとう」のメッセージを入れた20連凧を函館の空に飛ばして、僕なりのお別れがしたい。これがもし実現したら、きっとこれが最後の作品になると思う。だからまた元気にならなきゃならない」

神妙な面持ちの梅谷さんに「もし、ではなく絶対作ってくださいね」と声をかけた。なにしろ筆者は、梅谷さんが自作の凧を操る姿を見たことがない。梅谷さんがもう一度飛ばしたいと言うならば、こちらはそれを飛ばす姿を間近で見なければ気が済まない。

「わかった。じゃキミはいい記事を

2009年、イタリアのローマで開催された初の海外企画展『SCRIVERE IL CIELO Toshiharu Umeya & Anna Onesti(凧展　大空を描く)』。梅谷さんの教え子で、ローマを拠点に活動した彫刻家・小寺真知子さん(故人)がきっかけとなり、ローマを代表する染色芸術家／凧師アンナ・オネスティさんが梅谷さんとの二人展を熱望して実現した。

ローマの企画展の際のフライヤー。

●写真
盛長幸夫　他

●参考資料
「街角ラジオFMいるか『アルバムを開いたら』梅谷利治出演回 DVD」(DJ 山形敦子・責任編集／村田和男)、「日本の凧の会 会報」第84号

書いてくれ。絶対だぞ。そのかわり僕は元気になってまた凧を作る。揚げる時はいの一番に知らせる。男同士の約束をしようよ」

今まで、誰もやらなかったことをやってのけた信念の凧師の言葉だ。きっと、そう遠くないいつか、美しく独創的な連凧が、晴れ渡った函館の天空を舞うだろう。

梅谷利治

昭和4(1929)年函館生まれ。戦時中、16歳で特別幹部候補生として八戸航空隊に入隊(日本最後の航空兵)。終戦後は故郷に戻り、非常勤講師として勤務したのち昭和35(1960)年から平成元(1989)年まで29年間、一度の転勤もなく函館東高校(現在の市立函館高校)で美術教師を務める。昭和44(1969)年から美術の授業に創作凧の制作を取り入れ、そのユニークな授業内容と制作理論が全国から注目を集める。日本を代表する創作凧師。

才能などない。だから、生涯をかけてジャズを追い続ける。

松浦善治　caféバップ店主

「異端」「強面」「頑固」「孤高」……。彼の存在は知っているが、会って話したことはないというこの街の人々が抱く【バップのマスター 松浦善治】のイメージをまとめると、おおよそこのような感じだろうか。昭和45(1970)年に誕生。北海道ジャズ喫茶のシーンにその名を轟かせ、一時代を築き上げた名店『JAZZ喫茶 BOP』。現在、新川町で営業を続けるこの場所にはバップでジャズの本当の味わいを教わり、またバップを心の拠り所としてきた大人達が市内・外を問わず訪れる。そんな彼らは皆、松浦さんの人柄に惚れ、また到底真似のできない生き方に惚れた。ジャズにだけ心を許し、ジャズにだけ身を捧げてきた人生。松浦善治の辿った道のりを振り返ってみる。

●

松浦さんは昭和15(1940)年、山形県東根市に7人兄弟の末っ子として生まれた。日用雑貨や食料品を扱う小さな店を営んでいた父・松浦善八は、町一番の洒落者として有名だった。「貧乏なのに、親父の趣味で真空管ラジオとか蓄音機があったよ」。松浦さんが暮らしていた神町には米軍のベースキャンプがあった。そこから発信される米兵向けのローカルラジオでは一日中洋楽が流れ、松浦さんは真空管ラジオでその電波を拾い、黎明期だったアメリカのロックやポップスを聴いて育ち、後年ジャズの世界に足を踏み入れる素地を少年時代に作り上げた。

地元の高校を卒業後、当時函館市議会議員を務め、のちに衆議院議員7期を経て北海道開発庁長官等を歴任した政治家・阿部文男(故人)の専任運転手として函館に移り住んだ。現内閣総理大臣・安倍晋三がまだ5歳のとき、彼をキャディラックに乗せて大沼一周を案内したこともある。この仕事に7年間従事したが、彼にはどうしてもやりたいことがあった。それは全国のジャズ喫茶巡り。20代の

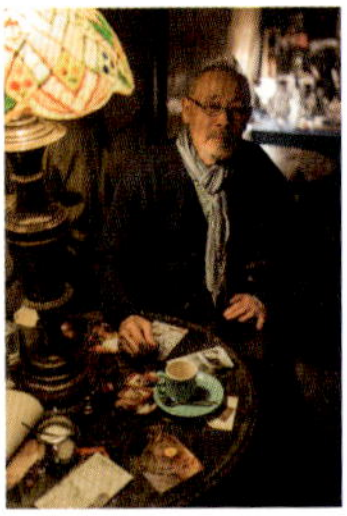

現在の松浦善治さん。75歳を過ぎてもなお、ジャズの話になると血気盛んだ。

（右）アート・ブレイキー／1965年1月6日　札幌市民会館にて
（左）セロニアス・モンク／1971年10月4日　札幌厚生年金会館にて

前半で、すでにどっぷりとジャズの魅力に取り憑かれていた。運転手で稼いだ金はすべてレコードと、コンサート遠征の費用につぎ込んでいた。関東圏の都市に行けばもっとジャズに浸かれる。そう考えた彼は運転手の仕事を辞め、単身横浜へ向かった。

本町の地下に誕生したジャズのアジト

横浜に引っ越した松浦さんは日産陸送株式会社に就職した。日産の工場から運ばれてきた新車を全国各地のディーラーに陸送するのが仕事だった。「この仕事は本当に良かった。期日までに納車してしまえば、あとの数日は現地で好きなことが出来たからね。5年やったけど、九州と沖縄以外はすべて行ったし、おかげでいろんなジャズ喫茶を見ることができたからさ」。30歳のときに函館へ戻り、ドライバーで稼いで貯めた資金を元手に、本町・丸井今井の路地裏の雑居ビル地下で待望のジャズ喫茶を開業した。

「地下だから、外からは一切見えないし、中は薄暗くて、異様な感じでね。でもそれが逆に良かったのか

昭和40（1965）年、世界的なクラリネット奏者ジョージ・ルイス（中央）の函館公演が実現。右端で8ミリフィルムを片手に持っているのが当時25歳の松浦さん。「俺、関係者でもなんでもないんだよ。主催者から〝あまり出しゃばるな〟って、あとで喧嘩だよ（笑）」

な。結構話題になっていっぱいお客さんが来てくれた。でもね。店と他の客に迷惑をかけるような連中には容赦なく『帰れ』って言ってやったね。あと当時はまだハイミナール（市販睡眠薬だが合法ドラッグのように使われていた）でラリって口からよだれ垂らして来るような客もいっぱいいたしさ。何人入店拒否したかわかんないね」。【ジャズの邪魔をするな】。きっと松浦さんの中でこのような絶対的ルールがあったのだろう。そこを犯す者は毅然と拒否した。そのピュアで堂々とした態度が人づてに「強面」や「異端」のようなイメージとなり、流布されたのかもしれない。

歴史的資料となった現場でのゲリラ写真

松浦さんは、店を始めるずっと以前からライフワークにしてきたことがある。それはジャズ界の大物や新進気鋭のプレイヤーが初来日を果たしたとき、その公演を現場で観ること。それもできるだけ初日に。そしてそのステージを自らのカメラに収めることだ。22歳の時、当時の月給3ヶ月分を投じて購入したカメラ・ペンタックスSVに200ミリ望遠レンズを装着。だが当然、コンサート会場は撮影NG。そこで……。「股の中にカメラを隠して入場するの。さすがにそこまではチェックしないからね」。ここに掲載したのは60〜70年代に、松浦さんのゲリラ撮影で残された貴重なライブ写真のほんの一部。セロニアス・モンク、ビル・エヴァンス、ミルト・ジャクソン、アート・ブレイキー、そしてジョン・コルトレーン。特に20世紀ジャズの巨人といわれるコルトレーンの写真は、たった一度だけ実現した昭和41（1966）年の初来日公演のもの。通常よりも厳しい警備を突破し、異様な熱気の中で36枚撮りのフィルム3本分を撮り切った。この噂は東京まで届き、日本のジャズ専門誌の草分け『ジャズ批評』編集部から写真貸与と原稿執筆の依頼が寄せられ、初来日の翌年に急逝したジョン・コルトレーンの特集号の誌面を飾った。

●

店が誕生して45年が過ぎた。松浦さんは店舗経営と平行して、数々のアルバイトもやってきた。冠婚葬祭の運転手、宅急便の仕分け、つい最近までは温泉施設のフロント業務もこなしていた。それもこれも、すべてジャズのため。それ以上でも以下でもない。

「好きなものを続けるには、どうやったって犠牲が生まれるんだよ。それを犠牲とも思わせないのがジャズ。たしかに慣れない仕事をやってると、いろんなことが自分に降りかかる。ましてやこういう性格だからさ（笑）。でもジャズのためだったら、どんな嫌な客にだって頭を下げるし、それが苦痛にもならないよ」

●

「Keep playing.」直訳すると「演り続けることさ」。

昭和50（1975）年頃のバップ店内。中心に鎮座するのはJBL社の名機・パラゴン。この店の代名詞ともいえるシンボルだった。

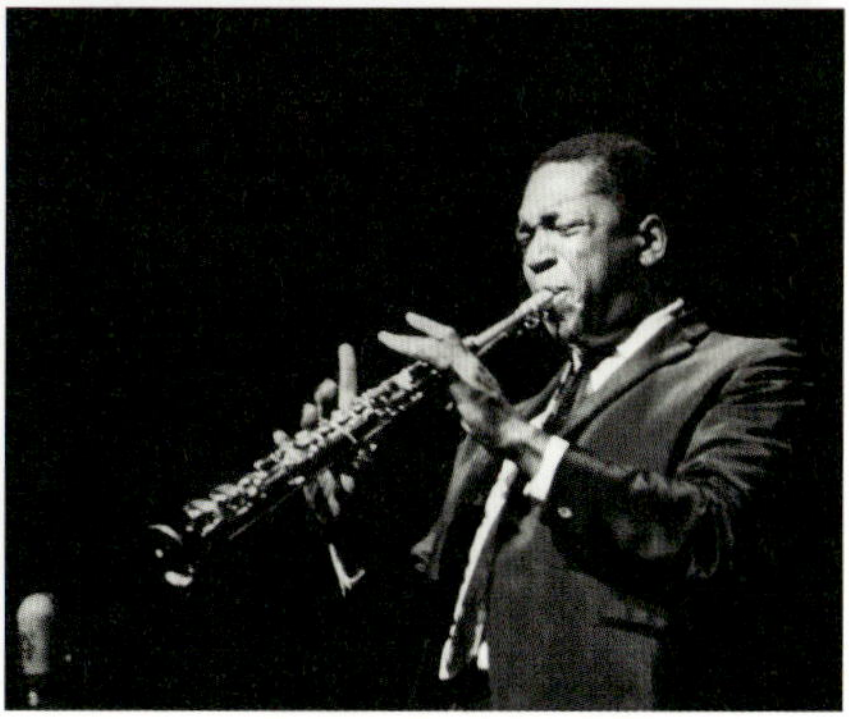

（右上）ミルト・ジャクソン／1966年3月4日　東京サンケイホールにて（左上）ビル・エヴァンス／1974年3月12日　青森市民会館にて（右下）ジョン・コルトレーン／1966年7月18日　東京厚生年金会館にて（左下）オーネット・コールマン／1981年6月8日　ドイツ メールスJ.F.にて

20代前半から始めた全国ジャズ喫茶めぐりの記録として残したマッチ。新宿『DIG』や有楽町『ママ』、神戸の『バンビー』など伝説の店のマッチが多数。

ニューオーリンズ・ジャズの魅力を世界に広めた伝説のクラリネット奏者ジョージ・ルイスが昭和38（1963）年に初来日した際、若いミュージシャン達に向けて伝えた有名な言葉だ。松浦さんは自分自身を「才能がない人間」と言い切る。だからこそ、自分の好きなことをとことんまで追求し、〝やり続ける〟という人生を選択した。やり続ければそれは一つの才能となり、誰も見たことのない風景が見え、誰も聴いたことのない音を感じる場所にきっと辿り着ける。ジャズを追い続けて半世紀。松浦さんは75歳を過ぎた今でも、そう信じている。

松浦善治

山形県出身。昭和30年代まで米軍キャンプのあった東根市神町で育つ。議員専任の運転手や運送ドライバーを経て、30歳で自身のジャズ喫茶『BOP』を開業。山下洋輔、菊地雅章、渡辺香津美、ジョニー・ハートマン、アン・バートン等、自身が主催したジャズライブも数限りない。

café バップ
函館市新川町9-14
☎0138-22-7211
㊎11:00〜20:30　木曜休

●ライブ写真撮影・提供
松浦善治

函館の月刊誌『peeps hakodate』は、2016年で創刊3年目を迎えました。この雑誌の立ち位置はあくまで【タウン誌】ですが、それ以前に「読み物である」ことにこだわって制作しています。たしかに、街のグルメ情報などを中心とした雑誌であれば、出版不況といわれる現在でも、地方都市ではいまだに需要があります。また広告も集めやすい。しかし我々が作りたかったのは、忘れ去られそうな街の歴史や文化を探り、今を支える人にスポットを当てる雑誌です。幸いなことに、函館にはグルメ情報等をメインとする優れた媒体があります。ならば、他が取り上げることのない「普段、日の目を見ない函館」を中心軸に据えた雑誌があってもいいんじゃないかと思い、創刊しました。

創刊から丸2年を経て、いま思うのは「函館は我々の想像を軽々と超えた街だった」ということ。それは歴史や文化の層の厚みしかり、その背後にいる人々の魅力しかり。この月日で、函館が小さな一地方都市の範疇を超えた、誇り高くて、温かくて、奇妙な魅力を持つ街であることを骨の髄まで知りました。そんな街の真価を伝えるという伝達作業は、いつの時代でも誰かがやらなければならないことなんだと思います。それこそが我々の使命……なんて大仰なことを言うつもりはありません。ただ2016年の現時点で、その役目を担う「たすき」が我々のもとに廻ってきたのは確かです。たすきを受け取った以上、街の本質に少しでも迫り、その魅力を内外に向けて伝えていきたいと思っています。

時折、読者の方々からこんな言葉をかけられます。「毎月そのペースで作っていたら、いつかネタが尽きるんじゃないの?」ご心配なく。函館はその程度の街じゃありません。あなたの知らない函館、そして我々も知らない函館はまだまだあります。街の隅々で息をひそめ、人の心の中に隠れたひとつひとつの「函館の物語」を探す。この途方もない作業は、これからも続きます。

またいつか、その成果のまとめを一冊の本という形でお見せできる日が訪れることを祈って。

2016年3月
peeps hakodate編集部
編集長　吉田智士

【函館をめぐる地図】

海　珈琲　パン　和菓子　建築

人　野菜　ご飯の友　焼き菓子　庭

函館ひろめ堂 ►P99
函館本線
だるま食品本舗 ►P100
函館蔦屋書店
PASTICCERIA Ciccio Pasticcio ►P52
江差線
ばんば屋 ►P133
七重浜
菓々子 ►P68
やきとり とり藤 ►P101
神戸こむぎ館 ►P94
函館鮨処ひろ季 ►P98
キングベーク ►P86
五稜郭駅
函館湾
おむすび屋 ふじ ►P103
夏井珈琲Brücke ►P119
布目 ►P106
函館麺厨房あじさい ►P102
特別史跡 五稜郭跡
塩ホルモン いちりき ►P101
Mimoza ►P50
ボーコーソー ►P102
八島商店 ►P100
横山珈琲店 ►P110
函館市電
旧イギリス領事館 ►P46
菓子司水乃 本店 ►P67
御菓子処 ひとつ風 ►P66
千代台公園
CAFE ROMANTiCO ROMANTiCA ►P56
めぐの家 ►P102
菓子処 龍栄堂 ►P69
小田島 水産食品 ►P104
OLD NEW CAFE ►P113
串焼き かいもり ►P101
函館駅
フランス菓子 ペシェ・ミニヨン ►P44, 57
café バップ ►P158
AngeliqueVoyage ►P55
自由市場 ►P98~100
珈琲焙煎工房函館美鈴 ►P122
茶房 無垢里 ►P26
津軽屋食堂 ►P103
函館朝市ひろば産直市 ►P99
函館山
函館山ロープウェイ
café harujon-himejon ►P54
OZIO ATELIER and SHOP ►P22
BAR hanabi ►P24
はこだて工芸舎 ►P20
café D'ici ►P51
宝来パン本店 ►P92
千秋庵総本家 ►P64,76
函館山緑地
津軽海峡
cafe DripDrop ►P116
ミズタニテツヒロ建築設計 ►P28
0 500m 1km

peeps hakodate　ピープス函館

函館の新しい「好き」が見つかるローカルマガジン。開港都市としての名残を今も色濃く漂わせる函館という街の文化と、その背後にいる人々にスポットを当て、フリーマガジンとしては異例の「読み物」にこだわった誌面づくりで、函館のみならず全国で人気を集める。2014年には「日本タウン誌・フリーペーパー大賞」で大賞を受賞。毎月10日発行。道南圏の約200か所に設置されるほか、札幌市内、東京都内などでも一部設置。
発行元：函館蔦屋書店

編集／吉田智士
文／平野陽子、品川真一郎、茎沢直子
写真／さえる、品川真一郎、ヤマグチマサアキ
協力／函館蔦屋書店

カバーデザイン／黒羽拓明
本文デザイン協力／SANKAKUSHA

函館《はこだて》をめぐる冒険《ぼうけん》

2016年4月5日　初版発行

編　者　peeps hakodate
発行者　小林圭太
発行所　株式会社ＣＣＣメディアハウス
〒153-8541　東京都目黒区目黒1丁目24番12号
電話　03-5436-5721(販売)
03-5436-5735(編集)
http://books.cccmh.co.jp

印刷・製本　豊国印刷株式会社

ISBN978-4-484-16209-6